ミネルヴァ日本評伝選

政道の事、輔佐の力を合をこなひ給はん事

日野富子

田端泰子著

ミネルヴァ書房

刊行の趣意

「学問は歴史に極まり候ことに候」とは、先哲荻生徂徠のことばである。
歴史のなかにこそ人間の智恵は宿されている。人間の愚かさもそこにはあらわだ。この歴史を探り、歴史に学んでこそ、人間はようやくみずからの正体を知り、いくらかは賢くなることができる。新しい勇気を得て未来に向かうことができる。徂徠はそう言いたかったのだろう。

「ミネルヴァ日本評伝選」は、私たちの直接の先人について、この人間知を学びなおそうという試みである。日本列島の過去に生きた人々の言行を、深く、くわしく探って、そこに現代への批判を聴きとろうとする試みである。日本人ばかりではない。列島の歴史にかかわった多くの異国の人々の声にも耳を傾けよう。

先人たちの書き残した文章をそのひだにまで立ち入って読み、彼らの旅した跡をたどりなおし、彼らのなしとげた事業を広い文脈のなかで注意深く観察しなおす——そのとき、はじめて先人たちはいまの私たちのかたわらによみがえってくる。彼らのなまの声で歴史の智恵を、また人間であることのよろこびと苦しみを、私たちに伝えてくれもするだろう。

この「評伝選」のつらなりのなかから、列島の歴史はおのずからその複雑さと奥ゆきの深さをもって浮かび上がってくるはずだ。これを読むとき、私たちのなかに新たな自信と勇気が湧いてきて、その矜持と勇気をもって「グローバリゼーション」の世紀に立ち向かってゆくことができる——そのような「ミネルヴァ日本評伝選」にしたいと、私たちは願っている。

平成十五年（二〇〇三）九月

上横手雅敬
芳賀　徹

室町第

「紙本著色洛中洛外図屏風（歴博甲本）」部分（国立歴史民俗博物館蔵）
奥の殿舎に，御台様か女房の姿が見える。

日野勝光
（百萬遍知恩寺蔵）

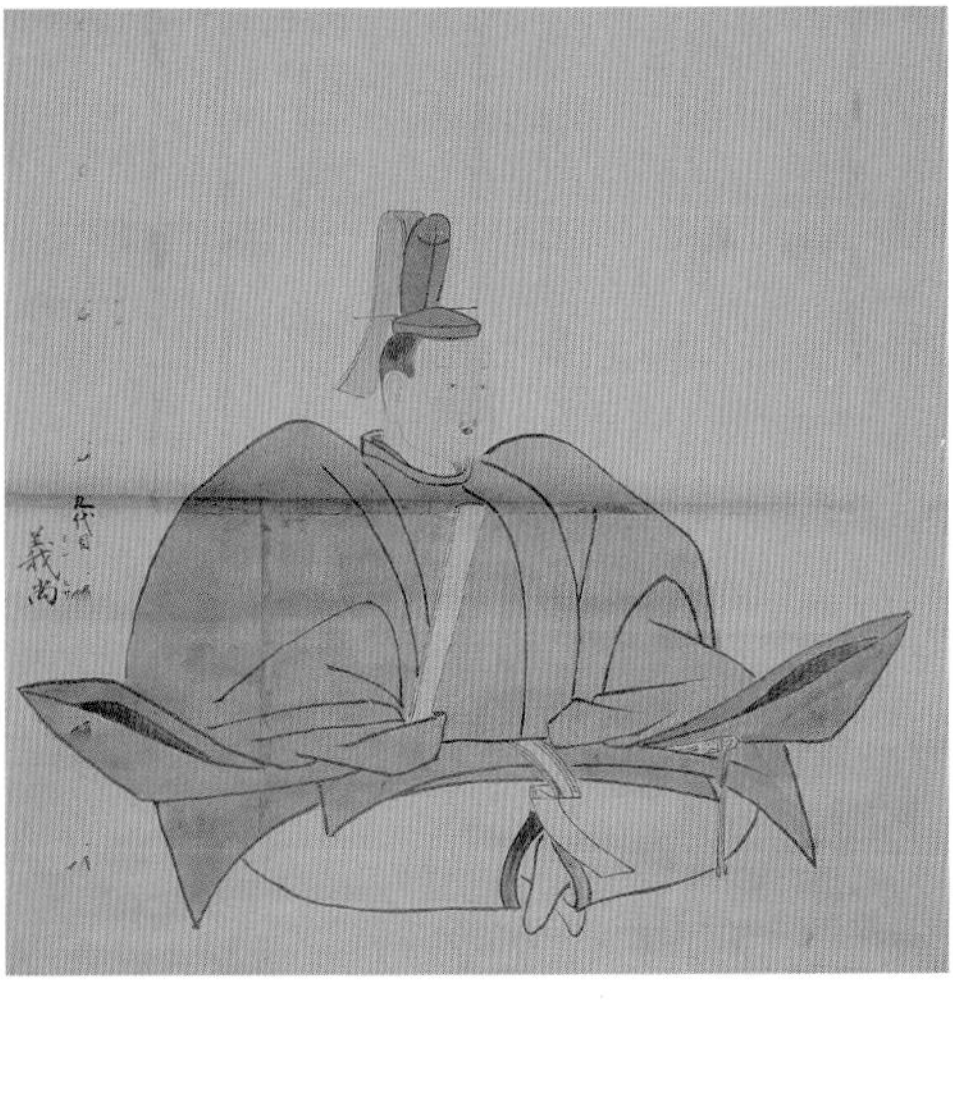

足利義尚
（東京大学史料編纂所所蔵模写）

はじめに

室町幕府八代将軍の正室（御台所(みだいどころ)）となり、応仁・文明の乱の時代から義尚(よしひさ)・義材(よしき)・義澄(よしずみ)将軍期を生きた日野富子(ひのとみこ)は、将軍家正室として、時代の様相を大きく動かすほど政治に関わった。彼女の政治は、将軍家正室として、義政(よしまさ)や義尚とその後の政治とどのような関係を取り結び、あるいは彼らの政治を支え、または否定するものであったのか、史料に即して考察する。

日野富子に関する研究は数多ある。その中で戦後女性史研究が本格的に開始された頃の昭和五九年（一九八四）に出版された日本放送出版協会編『歴史への招待31』（日本放送出版協会）には次のようなタイトルや見出しが付けられている。「応仁の乱　蓄財の女王　日野富子」「夫を軽んじ、わが子かわいさから京の都に戦火を招き、ひたすら私腹を肥やしつづけた天下の悪女。八代将軍足利義政の妻・日野富子ほど、歴史上悪評の高い女性も珍しい。果たして富子は、強欲な金の亡者か、才気あふれる女実業家か。異色のファーストレディの実像は……」と。そしてこのタイトルで杉本苑子氏と永原慶二氏が対談している。

右の対談の後の部分に、脇田晴子氏の「日野富子の人物像」が掲載されている。この一文で脇田氏は「日野富子といえば、高利貸というイメージが強く、……強欲な顔をしたおばあさんをついつい思い浮かべてしまう。しかしそのイメージは後世、作られたものではなかろうか」と疑問を投げかけている。初めのこの部分を読んで「これからどんな反論が展開されるのか」と筆者は期待したのだが、「にこやかな人柄、センスの良い贈り物、多額の金品の献上」によって、富子は禁裏の女房たちに親近感をもたれていたのであり、結論として「富子の政治が利権追求的であったことは否めない。彼女は高利貸の立場を徹底的に擁護して、天下や社会や難民のことを考えなかったといえる」と結論づけている点について、「それまでの富子を悪女・悪妻と評する旧説を大部分認める説であり、そう言い切れるのか」と、筆者の心の中ではそれ以後長年疑問がつきまとっていた。

一九八四年と言えば、前年にロッキード事件で田中角栄被告が実刑判決を受け、この年江崎グリコ社長が誘拐されて社会不安が増大し始めた時代であった。しかし女性実業家も少数だが出始め、「男女雇用機会均等法」が翌一九八五年に成立し、これからようやく働く女性の権利確立が政治課題に上り始めるだろうという期待も持ち始められるようになった時代である。戦後四〇年を経ても、選挙権獲得は実現されたが、戦中以来、苦難に沈んでいた時代環境の中で、希望の光を求めて、日本女性が立ち上がるきっかけを見出し始めた時代であったと言えよう。

いっぽう日本で本核的な女性史研究が始まり、女性史総合研究会（代表脇田晴子氏）編の『日本女性史』全五巻が出版されたのは一九八二年四月のことであった。このシリーズは、「歴史のなかの女性」の実像に迫るために、各時代における女性の地位・性別役割分担などを、社会構造との関連において考察しようとした画期的な企画であった。女性史研究という同じ道で走ろうと思っていた筆者は、右の脇田晴子氏の富子に関するこの一文を読んで物足りなさを感じ、日野富子や北条政子について、彼女らが生きた時代背景をもっと詳細に調べた上で、彼女らの実像について再検討する必要性を痛感したのであった。

大学・大学院修了のころから、室町・戦国期という時代の社会背景を、主に村落構造と住民の郷村結合や領主制研究から検討し始めた筆者は、様々な気付きを得ることができたが、その過程で、女性史上の諸問題は、女性研究者の組織化に努力され、若手女性史研究者の育成を目指された脇田晴子氏がやり残された部分の多い研究分野ではないかと感じ始めた。中世後期の守護大名、国人、土豪や「土民、百姓」からの視点で日野富子を眺めると、室町将軍家の姿がどのような実像として描かれるのかを、将軍家正室という姿以外に付け加えることこそ、脇田晴子氏の後輩としての筆者が研究すべき課題であることが分かってきた。

日野富子については、戦前から多くの研究がある。特に重要な論考は三浦周行氏の「足利義政の政治と女性」および「日野富子」である。前著は一九二二年に出版されており、以後の日野富子評の骨格を形成したと言えるほど有名な論考である。しかし氏の論考は大正・昭和前期という時代の状況に影響されていたのであろう、日野富子と今参局（いままいりのつぼね）の政治介入の事実に触れながら、それを嫉妬など両人の個人的資質のもたらすところと見て、女性同士の争いに帰着させており、正室や女房という立場での女性たちの政治介入には否定的であった。つまり中世における男女役割分担は政治の世界では明白であったことが、戦前・戦後の通説となっていたのである。

その後、義政の建造した東山山荘や、その建造と密接に関わる作庭またそれらの費用の出所としての日明貿易、幕府の奉公衆や守護大名に関する研究、さらに土一揆（つちいっき）とその母体となった村落結合や戦国期の文化についての研究など、中世後期社会全般についての研究が大きく進展した。しかしそのなかでも、日野富子は将軍家正室として政治に関与し、土民を支配する側にいる義政の、応仁・文明の乱を終息させられなかった悪妻としてのレッテルが貼られ続けてきた。吉村貞司氏は日野富子は「戦いの中の幕府を支えた女丈夫」であり、「戦うための蓄財」であったとして著書に「闘う女の肖像」を副題として付している（『日野富子』）。

日野富子に対する研究が異なった様相を見せ始めるのは一九八〇年代後半に入ってからである。筆者の『日本中世の女性』は、初めて中世女性史の通史として著したものであり、その中に日野富子の部分を置いて、富子の政治参加は恣意的になされたものではなく、将軍家日野家の状況から見て、御台所として自然になされたものであると、富子の政治参加を肯定的にとらえなおした。また従来「悪妻」と評価された根本原因であった大名たちへの献金あるいは貸付や、関銭・酒屋・土倉役の一部分の受取りは、正当な御台所収入であり、支出は幕府財政の肩代わりという意見からも、評価すべきであると論じた。

続いて九〇年代には「日野富子と将軍『家』」「御台（富子）の京都・土民の京都」『女人政治の中世』で、富子の政治参画の諸相や幕府女房の役割を明らかにした。また九八年の「御台の執政と関所問題」では、将軍家正室には幕府から御料所として関銭徴収権などが与えられており、ここからの収入は、将軍家正室の私財として、富子が自由に使える「御台」専用の財であったことなどを明らかにし、応仁・文明の乱の時期の政治と社会の矛盾や土一揆の蜂起という社会状況の中で、日野富子の執政を再考した論考として、新しい視点からの総合的研究の出発を告げたものであったと自負している。

本書では、その後の室町・戦国期の権力構造や経済圏、文化の特質などに関する研究を参照しつつ、著者の村落構造研究、領主制研究などを加味し、著者の近著『乳母の力』『足利義政と日野富子』『室町将軍の御台所』を基礎に、室町期の衣服や「坐態」に関する論稿なども加えて、日野富子という将軍家正室が、大乱の時代をどのように生きようとしたのかについて、明らかにしたい。

日野富子——政道の事、輔佐の力を合をこなひ給はん事　目次

図版一覧

室町幕府の職制（義満・義持・義教三代の幕府安定期）

将軍┬奉公衆（番衆）――（職務は警固・出兵）
　　├奉行人――――――（職務は政務の担当・訴訟裁決）
　　└管領――守護――守護代（郡代）

・地域区分
①東国十カ国と陸奥・出羽＝東国（関東）は鎌倉公方・関東管領管轄国。
②四十五カ国＝室町殿御分国（公方分国）（守護家の多くは在京）。
③九州十カ国＝当初九州探題管轄国。のち室町殿御分国に。
　②は「二十一屋形」からなる（多国衆と一国衆）。
・管領・守護の任命権は将軍にあった。
・将軍家は将軍家・御台所家からなり、前将軍・前御台所も別家を持った。
・日明・日朝貿易などの通交権は、「日本国王」たる将軍が掌握。
・義政以後は右の幕府職制にゆがみ・ひずみが生じる。

第一章　公家日野家の歴史

1　日野家の成立

日野富子の実像についての検討に入る前に、日野家という公家の家の歴史を振り返ってみよう。

藤原房前を祖とする藤原氏の系譜からは、多くの公家の系が誕生した。房前の子真楯、その子内麻呂は平安初期の公卿で、内麻呂の子が真夏と冬嗣である。真夏は平城天皇の近臣だったので、弘仁元年（八一〇）の薬子の変で上皇近臣として左遷され、八三〇年に五十七歳で没している。真夏の弟冬嗣は兄とは一歳違いであり、この人が初代蔵人頭となって藤原北家の系統の基礎を築くのである。

一方真夏の孫家宗は山城国宇治郡日野の地に永承六年（一〇五一）法界寺を創建した。そして家宗五世の孫資業（平安後期の日野氏）は日野三位と呼ばれ、式部大輔などを務めた後、日野の山荘に隠居し、法界寺薬師堂を建てた。以後真夏の子孫は、日野はもとより、広橋、柳原などを家名とするが、内麻呂一門として、法界寺の堂舎を整備し続けるのである。

平安貴族としての日野家は、儒学と歌道を家職としている。この伝統は室町・戦国期にも変わらず、近世に入ると、二道に加えて有職故実も家職とする家となっている。

2　南北朝内乱期の日野氏

日野家の人々は、鎌倉後期からは公家の宿命として両統迭立による政争に巻き込まれ、南北朝内乱期に入ると権中納言日野資朝は後醍醐天皇に登用されて、天皇と共に宋学を学習し、鎌倉幕府倒幕計画の中心人物として活躍する。同じく後醍醐天皇によって蔵人に登用されていた少納言日野俊基も、倒幕計画に参画していた。しかしこの計画は正中元年（一三二四）六波羅探題に察知され、二人は佐渡に流される。その後俊基はいったん許されるが、元弘の変の翌年、資朝は佐渡で、俊基は鎌倉に送られ、両人共に斬罪に処せられた。

資朝と俊基

ここで日野資朝・俊基が家学として身に付けるとともに、新しい学問として中国から輸入された宋学について考えてみる。旧来の漢・唐時代の儒学は四書・五経を解釈・研究することに重点が置かれ、これは唐代に訓詁学・注疏学として大成された。それに対して宋代になると、北宋の周敦頤らが老荘の学、仏教、陰陽五行説などを吸収して儒学を新たに体系化し、それを南宋の朱喜が集大成した。この新しい宋学は朱子学とも呼ばれ、「性即理」という哲学と、「居敬窮理」という実践重視を特徴としている。そのため宋学を学ぶ者には、その人格を聖人・賢人の域にまで高め、またその学問を政治の場で活かすことが求められたので、宋学が日本に入った鎌倉時代以来、儒学を学ぶ人々の間では行動の学問として受け容れられた。儒学を家学としてきた日野家の資朝、俊基が新しい宋学を良しとして受け容れ、同じく宋学に傾倒した壮年の後醍醐天皇の手足となって建武新政の土台を築いたのは、三者に共通する土壌「宋学（朱子学）」があったからに他ならない。

ここで後醍醐天皇と日野資朝、俊基の役割について見ておこう。後醍醐天皇は大覚寺統（だいかくじとう）の後宇多（ごうだ）天皇と藤原忠継（ただつぐ）の娘談天門院忠子（だんてんもんいんちゅうし）の間に生まれ、文保二年（一三一八）三十一歳の時、花園天皇の譲位により践祚（せんそ）した。鎌倉後期からの両統迭立時代の天皇としては異例の壮年天皇として登場したため、三十四歳の年元亨元年（一三二一）天皇親政を復活させる。天皇の倒幕計画の実行に参画したのが、日野資朝と俊基なのである。

資朝は日野俊光（としみつ）の子で、兄弟資明（すけあき）は柳原家を嗣ぎ、資名（すけな）は日野家本流を継いだが、資朝の死によって、日野家内では傍流として終わった人であった。一方俊基は大学頭日野種範（たねのり）の子であり、天皇によって蔵人に抜擢されていた。

二人の名が『太平記』に登場するのは、元亨二年（一三二二）である。しかし『太平記』の補注は実際には嘉暦二年（一三二七）のことであるとしている。このとき中宮藤原禧子（きし）のお産のお祈りと偽って、「関東調伏（ちょうぶく）」のための秘法勤行が執り行われた。お産は虚偽だったのである。中宮禧子は西園寺実兼（さいおんじさねかね）の娘であり、十六歳のとき後醍醐天皇の后になったが、「君恩葉ヨリモ薄カリシカバ」という情況であり、逆に天皇は「三位殿ノ局」阿野廉子を寵愛したので、後醍醐天皇の策謀の一端を担わされた悲劇の女性であった。一方阿野廉子は「御前ノ評定、雑訴ノ御沙汰マデモ、准后（廉子）ノ御口入」だと噂されるほど、後醍醐天皇の政策決定に関与した女性であった。禧子は疎外されたのに対し、廉子は偏愛され、二人の女性は明暗を分けたのであった。

この関東調伏の祈禱には諸寺諸山の貴僧・高僧が集められ、様々な大法・秘法が行われた。これに関わった天皇の臣下こそが、日野中納言資朝、蔵人右少弁俊基、四条中納言隆資、尹大納言師賢、平宰相成輔の五人である。これら五人にのみ天皇は密かに相談し、その他の人々すなわち錦織氏、足助氏らの武士と、南都北嶺の僧兵少々だけが集まってきたという。

後醍醐天皇の幕府に対する旗揚とも言える出産祈禱を装った調伏事件の中心人物として、日野氏の二人がいたことは重要である。二人共に中納言と蔵人という、公家の中ではそれほど高くない地位にいたが、日野氏は儒学を家職とする公家であったため、後醍醐天皇と宋学を通じて志を同じくする点で、元亨から正中までの後醍醐天皇の倒幕計画初期に、天皇から最も信頼された廷臣であったと言えよう。宋学が実践を重視する儒学であったことが、天皇や日野氏の二人を駆り立てたのではないだろうか。

日野俊基は「才学優長成シカバ」（才智学識が優れ長じていたので）と表現されているように、宋学の知識が豊富であったため、蔵人所を司るまでに昇進したという。俊基はしかし職務が忙しく、籌策を巡らす暇もないため、わざと山門横川の衆徒からの嘆願状中の楞厳院を慢厳院と読み違えて諸卿から笑われたので、恥辱にあって籠居すると偽り、半年ばかり出仕を止め、山伏に身をやつして、大和、河内から東国、西国を歩き、城郭になりそうなところや、地方の風俗、「分限」（様々な身分の人々）を観察したという。まさに後醍醐天皇の旗揚のための基礎的な調査をなしたのは、公家の日野俊基であったと言える。

一方日野資朝は、美濃の土岐氏、多治見氏（共に清和源氏）と近づきになり、「盟友ノ交」を結び、すでにこれは浅くなかったが、なお彼らの心をうかがい知るために、「無礼講」を企画する。その場に集まったのは、尹師賢、四条隆資、洞院実世、日野俊基、伊達游雅、聖護院の法眼玄基、足助重成、多治見国長などであった。先述の中宮のお産の祈禱の時点よりも、無礼講に呼ばれた人の数は増えている。しかし無礼講を装った今回の「東夷（鎌倉幕府）を亡ぼすべき企て」は、土岐頼員がその妻（六波羅の奉行斎藤利行の娘）に漏らしたことがきっかけで、土岐氏、多治見氏が自害に追い込まれ、日野資朝、俊基も捕らえられるという結末になったのである。これがいわゆる正中の変である。

日野資朝、俊基の二人は鎌倉に送られ、侍所に預けられた。このとき『太平記』は資朝・俊基の人物を評して次のように述べている。資朝は日野の一門で、職は検非違使別当を経験し、官は中納言に至っており「君ノ御覚ヘモ他ニ異シテ、家ノ繁昌時ヲ得タリキ」という、最近後醍醐天皇によって抜擢された公家であると述べている。また俊基については宋学に通じており、蔵人に抜擢されたこともあって、同僚たちは彼のご機嫌をとり、上司たちも「残杯ノ冷ニ随」った（残り物の酒に甘んじるように恥を甘受した）と述べている。二人の急な取り立てと昇進を、周りの公家たちは、嫉妬の目で眺めていたことが分かる。

日野俊基は関東に送られたあと、後醍醐天皇が「告文」（誓紙）を勅使万里小路大納言宣房に持たせて関東に下したことにより、死罪一等を緩められて佐渡に流され、俊基は赦免される（『太平記』巻二）。正中二年（一三二五）のことであった。

その後日野俊基は元徳三年・元弘元年（一三三一）五月、再び鎌倉幕府に捕らえられ、関東へ送られる。このたびは、文観（真言僧で関東調伏の祈禱にも参加）らの「専陰謀ノ企、彼朝臣ニアリ」との白状により、また「再犯不赦法令ノ定ル所ナレバ」との慣習法に従って、鎌倉で頸を斬られた。日野資朝も、正中二年より佐渡に流されていたが、幕府の命により、佐渡守護本間山城入道の手で処刑された。

資朝・俊基・藤範・有範らが広く活躍

資朝には元応二年（一三二〇）に生まれた子邦光がいた。佐渡に流されていた父に会うため、十三歳の邦光は佐渡に向かったが、父が本間山城入道によって謀殺されたことを知り、山城入道の子三郎を殺して父の敵討を果たし、追手を振り切って佐渡を脱出した（『太平記』）。その後邦光は建武政権期には後醍醐天皇に仕え、南北朝内乱が始まると、南朝方廷臣として活躍し、勅使として鎮西に赴き菊池惟澄に挙兵を促したり、合戦でも細川清氏らと共に足利義詮率いる幕府軍を破るなど、大活躍をした公家であったが、四十四歳で没している。

日野資朝、俊基は、宋学によって結び付いた後醍醐天皇により、鎌倉幕府倒壊作戦の初期に、天皇の手足となって働いた公家であったと言える。二人の働きがなかったならば、一三三一年に親政を始め、記録所を再興した後醍醐天皇の「君の御謀叛」は日の目を見なかっただろう。

後醍醐天皇は討幕運動の初期には、上層公家や有力武士を頼らず中級の公家や武士の力また南都北嶺の僧と僧兵を糾合して幕府倒壊に全力を傾け、その後北畠顕家、吉田定房、万里小路宣房らの公家にバトンが渡されて、ようやく建武新政が実現されるのである。以前、後醍醐天皇について、下剋上を実践させようとした天皇であるとの評価がなされたことがある。しかし天皇自身にそのような自覚があったとは思えず、日野資朝・俊基らの中級公家を手足として使い、その後北畠親房らの公家に行政を任せた天皇は、もともと宋学という実践を重視する新しい儒学を精神的拠り所とし、鎌倉幕府を倒して天皇親政の歴史を再構築することを目指した天皇であったと評した方が正確であろう。

日野氏一族には、後醍醐天皇方として活躍したこれらの人々のほか、室町幕府成立期に、その政治方針立案に協力した人があったことが注目される。それは日野藤範・有範父子である。藤範は『建武式目』を起草した八人の内の一人である。起草者は鎌倉幕府末期に法曹官僚として幕府に仕えていた二階堂道昭（法名是円・評定衆を務めた）や玄恵らと共に『建武式目』編纂に当たっている。子の有範は公家として大学頭などを務め、室町幕府の禅律方頭人をも務めたが、足利直義派と見なされて、観応の擾乱で失脚する。その後復帰して、公卿、式部大輔などに任じられるが、正平十八年（一三六三）に六十二歳で没している。この人の墓は日野の法界寺にある。

日野氏一族は、南北朝期・室町初期に、公家として培ってきた様々な能力を生かすためにも、廷臣としての存在を維持しつつ、武家政権にも協力し、新しい政権に近づく必要性を感じたのであろう。

このように、公家日野氏が室町幕府成立期から、法制の面で幕府と最も近い関係を築いていたことは、以後、将軍家との近しい関係を形成し、将軍家との婚姻関係をも確立してゆく基盤になったと考えられる。

3　足利義満期の日野氏

足利義満の官職兼帯

公家は廷臣であるから、南北朝内乱期には、どちら側かによらず天皇からお召しがあれば、個人の意に反する場合でも、出仕せざるを得ない場合もあった。またその出仕を義務づけたのは、公家が天皇から官職を与えられ、それが代々続くことによって家格が決まってきたという歴史があったからである。左表に示される公家の家格と官職の相関関係は、平安後期に「五摂家」が確立した頃から出来上がり、以後鎌倉期にはほぼ固定されてきた。

ところが、この相関関係が揺らぎ始めるのは足利義満が武家の最高職としての将軍になってからである。義満は自ら左大臣となり（一三八一年）、翌年源氏長者となり、淳和院・奨学院両別当を兼任し、准三宮（太皇太后・皇太后・皇后に准じた待遇）の宣下を受けたので、武家の最高官職・実権と公家の最高官職との双方を一身に合わせ持つ地位に昇り詰めた。

義満が従一位となった康暦二年（一三八〇）、後円融天皇を室町第に迎え、内大臣に任じられた翌永徳元年の頃より、それまでの武家様の花押の他に公家様の花押を用い始めた義満は、この後公家様の花押のみを用いたことが、臼井信義によって指摘されている。その後翌年には左大臣、源氏長者と淳和・奨学両院の別当を兼ね、翌々年准三宮宣下を受けたのであった。こうして公家としての官職の頂点まで昇り詰めた義満に対して、「諸家の崇敬、君臣の如し」と称されたように、公武諸家は主君の如く仕えたのである。

　嘉慶二年（一三八八）左大臣を辞してからは、もっぱら守護大名対策に専念し、追放していた細川頼之（よりゆき）を讃岐に訪ね、その弟頼元（よりもと）を管領に任じ、山名氏清（やまなうじきよ）を滅ぼす。そして大内義弘（おおうちよしひろ）の力も借りつつ、後亀山（ごかめやま）天皇から後小松（ごこまつ）天皇への三種の神器の譲渡を実現させ、五十余年の間南北両朝に分かれて争った両皇統の一本化を実現させた。足利義満は明徳三年（一三九二）のこの年三十五歳である。同年十

公家の家格と官職

	家格	家名	最高職
①	摂関家	近衛・九条・二条・一条・鷹司	摂政・関白
②	清華家	久我・三条・西園寺・徳大寺・花山院・大炊御門・菊亭など	近衛大将→大臣
③	大臣家	中院・正親町三条・三条西など	近衛大将→大臣、大納言
④	羽林家	河鰭・滋野井・中山・正親町・飛鳥井・松木・持明院・四条・山科・庭田など	近衛中・少将→大・中納言、参議
⑤	名家	日野・広橋・柳原など。勧修寺・高棟流平氏の諸家	弁官・蔵人→大・中納言

二月、義満は再び左大臣に還任し、翌年斯波義将を管領に還補している。このように見てくると、義満はここまで十余年、常に公武の頂点に立ち続けていたことが分かる。

義満は二年後の応永元年（一三九四）、将軍職を子義持に譲り、太政大臣となっている。義持は元中三年（一三八五）生まれであるから、わずか十歳である。したがって将軍家の実権はこの後も長く義満が握り続けた。太政大臣は応永二年にこれを辞し、義満は出家した。この時、公家・武家の多数が義満に倣って出家している。そして、東大寺・延暦寺の戒壇に上ったあと、相国寺大塔・鹿苑院を建立し、応永四年には北山第を造営しそこに住んでいる。北山第は「仙洞御所」（院御所）と見なされたのである。つまり応永元年、三十八歳の義満はこれ以後、官職に依拠せず、自らの実力で、いわば将軍家の「上皇」として、幕府政治を執り行い、天皇の臣下としてではなく自らの力で対外的には「日本国王」として、対中国外交を展開しようとしたのであった。

足利義満が果たした南北両朝合一で、新皇統の天皇となったのは、後小松天皇である。天皇は永和三年（一三七七）の生まれであるので、南朝を吸収した合一の年、十六歳であり、翌明徳四年（一三九三）親政を開始するが、実権は足利義満に握られていた。後小松天皇の姿がはっきり見えるようになるのは、義満の晩年と、後小松天皇の子称光天皇の時代になり、後小松院が院政を行った時期以後である。

義満時代の日野家

一方日野家の人々は足利義満時代、公家としてさらに大きく注目される活躍を始める。日野重光は烏丸資康の子として応安三年（一三七〇）に生まれた。後小松天皇より七歳年長、足利義満より十二歳年下であった。南北朝合一後の応永元年（一三九四）権中納言となったのを皮切りに、権大納言、正二位、従一位、大納言と昇進し、応永二十年後小松天皇の「院執権」となったが、同年四十四歳で没している。日野重光は生存中、武家伝奏や南都伝奏などを務めた。つまり公家や寺社の訴訟を数多く幕府に取り次いでいたことになり、公家と武家の間を円滑に保つ潤滑油の役割を果たしたのが重光であったと言える。

義満時代の日野家を見る時、大きな変化が一族内に訪れていることに気付く。それは、義満の正室を二人も日野家から出していること、日野一族の活躍の基礎に、一族男女の活躍が大きく預かっていたことである。

足利義満は初め藤原慶子を妻としていた。慶子は醍醐寺三宝院の坊官安芸法眼の娘である。この慶子から足利義持、義教が生まれている。義持は至徳三年（一三八六）に生まれ、義教は応永元年（一三九四）に生まれている。その下には女子がいて、入江殿聖仙と名乗っている。しかし慶子は応永六年五月に亡くなってしまう。慶子生存中に義満には側室がいて、その人から応永三年に生まれた男子は、のち仁和寺に入り「法尊」と呼ばれている。そして義満の子供たちは、応永五年（一三九八）十一月、日野重光邸で着袴や魚味の儀を行っているので、纏めて儀式を日野家において催していることがわかる。着袴は三歳、「まなはじめ」（魚味始）は子供の生後百一日目に行う祝いだからである。

日野家から義満の妻になった最初の女性は業子である。重光の伯母に当たり、重光の父資康の姉妹である（日野家系図参照）。義満はこの応永初年の頃、日野重光邸を子女の成長儀礼の場として利用す

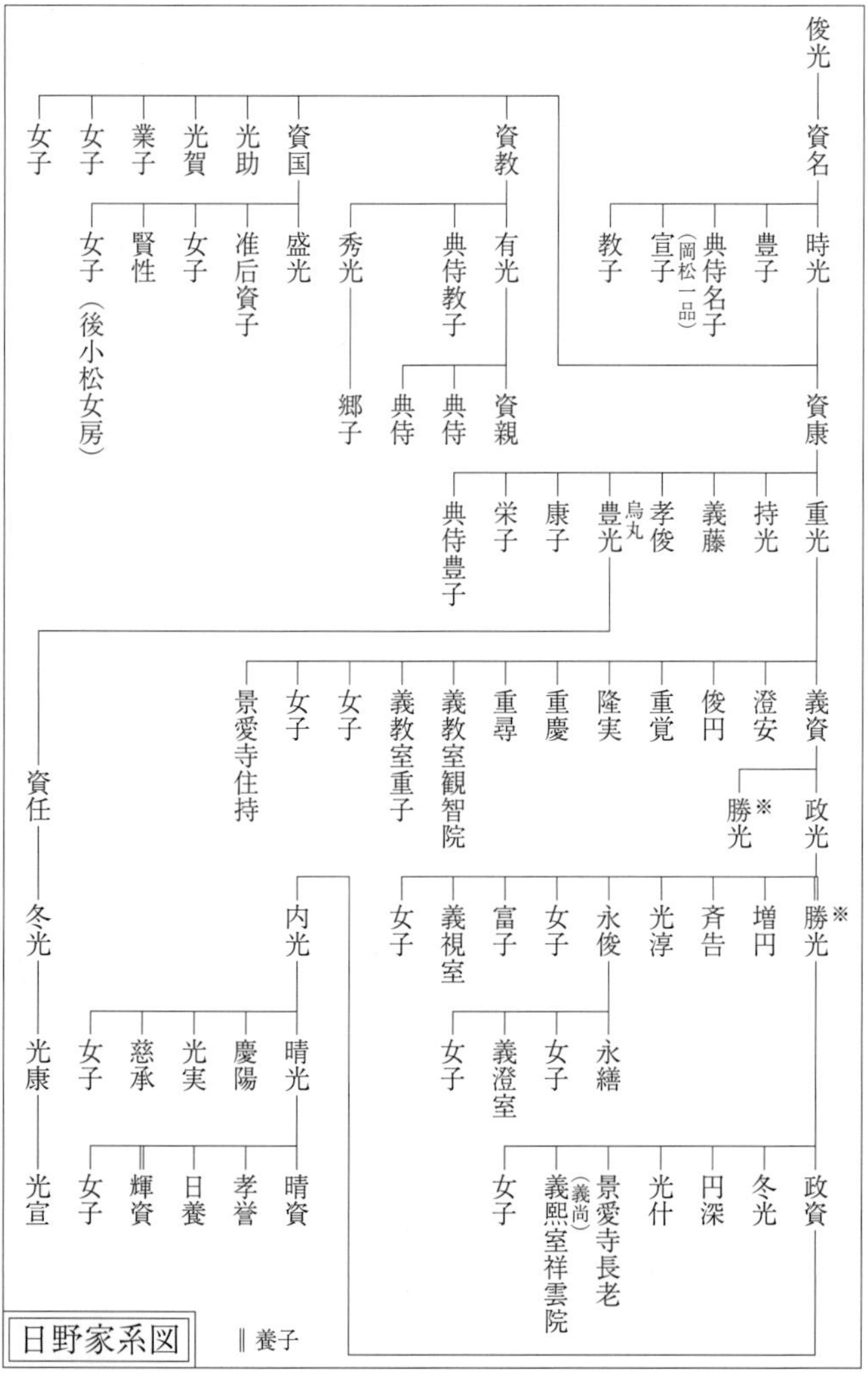

※政光の養子勝光は，祖父義資の横死と，政光の急な出家のため，若年で家を継いだ。

るばかりでなく、日野資教の邸を訪れるなど、日野家になにかと目を懸けたので、応永六年日野西資国（ひのにしすけくに）が天皇家から許されて参議に返り咲いた時、権大納言の任にあった重光自身も左衛門督を兼任させられている。

義満と公家・寺社・天皇家

また義満は明との通交を盛んにし、父義詮の夫人であった源孝子（みなもとのたかこ）の七回忌のため鹿苑寺に三重塔を建立したり、公家高倉家の永行がその子永藤に安楽寿院俗別当職と真幡木など三箇荘を譲ることを承認したりしている（『安楽寿院文書』）。義満は石清水八幡宮雑掌（ざっしょう）の訴論を「裁決」して「和与（わよ）」に持ち込み、加賀国の荘園の領家分一〇〇〇疋を北野社に渡させるなど公家・寺社を保護する姿勢を鮮明に示しはじめる。

このように、応永元年に将軍職を子息義持に譲り、応永二年に出家した後も、現役将軍として義満は幕府の実権を握り続けた。応永六年には大守護大名大内義弘を討ち、公家を臣下のように扱い、寺社の訴訟を裁決したり、景愛寺（けいあいじ）に寺地を与え、東福寺（とうふくじ）の所領を守護不入地として安堵したりして、義満は寺社をもその保護下に置いている。

天皇家に対しては南北朝を合一させた後、応永八年二月に後小松天皇の土御門内裏が炎上して天皇が室町第に避難したため、義満は早速再建を命じ、八月には造営を始めさせている。

義満が武家の征夷大将軍の地位にあった時も、将軍職を義持に譲った後も、公家の官職に任じられ、また出家後も公家・寺社という廷臣にも大きな影響力を与え続けることができた要因は、二つあったと考える。一つは義満が正室・側室に公家・寺社出身者を多数迎えていたこと、義満の乳母は細川頼之の室で、この女性は公家の持明院氏であったこと、後小松天皇の正室は公家日野家の資子であり、二人の間に生まれた皇子が称光天皇として後小松天皇の跡を継承したことによる。天皇家が公家と婚姻関係をもったことは当然であるが、将軍家の当主義満が日野家ばかりでなく広く公家から正室・側室を迎えている点がこの時代の特徴である。

義満の正室・側室から生まれた子女は、将軍家の後継者となった義持、義教を除くと、禅僧二人、仁和寺・大覚寺に入った男子二人と、梶井門跡に入った男子、女子は大慈院二人、法華寺、光照院、宝鏡寺、摂取院、入江殿各一人など、すべて皇室系を含めて寺社に入っていることが分かる。義満が正室側室を公家から迎えたことは、生まれた子供たちを寺入りさせて、生涯安泰に暮らせる保証を取り付けることに繋がっていた。義持と義教の実母は藤原慶子であり、この人は日野家の出身ではなく醍醐寺三宝院の坊官安芸法眼の娘であった。日野家に対しては、義満は生存中、藤原慶子の死後、業子に次いで康子を正室に据え、康子の兄重光や日野資教を厚遇した。特に重光に対する信頼は厚く、応永五年十一月には重光邸で、義満子女の着袴・魚味の儀を行わせたことはそれを物語っている。また応永元年八月、義満夫人日野氏（業子と考える）に対して、幕府が尾張守護今川仲秋に対して、尾張小田井荘闕所分を渡させているのは（『宝鏡寺文書』）、この年、正室慶子は存命中であるので、正室はもちろん側室にも、幕府から所領が配分されていたことが示されている。将軍家妻妾（正室・側室）に幕府が御料所を支給する伝統は、義満時代にはできあがっており、その後義教時代には、公事銭が支給されることになる。

日野家の女性、公家の女性

一方天皇家は伝統的に公家から正室・側室を迎えていた。後円融天皇の正室は三条家から迎えられた厳子（通陽門院）であり、その子が後小松天皇である。後小松天皇が正室にしたのは日野家の資子である。資子については「称光院母后、後花園院准母」と記されており、つまりその子が称光天皇となったので、資子は応永三十二年に「准母」となり、「光範門院」の院号をもらい、永享五年（一四三三）五十歳で出家したのであった。

そのほか日野家からは、南北朝期から多くの女子が天皇家の女房となって奉仕している。後小松天皇に対しても、その正室になり、のち「准后」と呼ばれた資子の姉妹が、同じく女房をつとめたことが系図から読み取れる。

日野家の室町初期の女性は時光の代以後、鎌倉南北朝期以来の伝統を守り、女子を数多く朝廷の女房に送り込み、中には「典侍」に上った女性もあることが系図から見て取れる。これらのうち、特に著名なのは時光の姉妹「宣子」である。

宣子は足利義満が二十六歳の康暦元年（一三七九）正月に登場する。十一年前に征夷大将軍となったが、管領細川頼之に政治を任せており、官位も権大納言にすぎなかった義満が、後円融天皇に盃を献げる前に、「主上の御酌を取る」という不敬をはたらく事件が起こった。まったく異例のこの給天盃であったが、これを準備した人々は「准后二条良基、三宝院光済僧正、二位尼日野宣子」らであったとされる（今谷明『室町の王権』）。この日野宣子は義満の正室業子の叔母に当たり、後に「岡松一品」と呼ばれており、一位の位に昇り詰めた女性である。彼女は宮廷内で大きな力を持っていただけでなく、義満と業子の婚姻を仲介し、また「歌人」でもあったと言われている。

このように、日野家の女子は足利義満時代以後、将軍家の正室を出すという特別の地位を公家社会の中で築いていくが、その背景には、鎌倉期の公家としての一族男女の法制、政治、故実、学問、文化の面でのたゆみない研鑽とともに、鎌倉期以来多くの女子を朝廷の女房にあげる歴史を日野家が形成してきた点があった。彼女らは女房となった後、典侍などの高級女官を拝命し、活躍したのである。

それ以外の日野家の女子は、系図上では公家の家に嫁していることが分かる。

公家社会に生きることが通例であった日野家の歴史に大きな変化が生じたのが、南北朝・室町前期、特に足利義満時代であったことになる。義満時代以後の日野家の女子は、将軍家の正室を出し、景愛寺という禅宗尼寺の第一位に上った寺に入り、あるいは公家の妻となり、室町末期には武家遊佐(ゆさ)氏や神主家津守(つもり)氏とも婚姻するようになっている。

一方日野家の男子は、筆者の『室町将軍の御台所』で検討したように、当主以外は日野一族を含めて他の公家の家の養子となるか、寺に入って僧となっている。その寺は比叡山延暦寺、園城寺(おんじょうじ)、醍醐寺、興福寺、天台宗東北院など、平安期以来の大寺に入っている。これらの僧体となった人々は、一族の氏寺である法界寺の別当を兼ねることも多かった。そして室町期後半になるほど、禅宗の寺や日蓮宗の本満寺に入る人が見られるようになる。時代の流れをうけた現象であると言えよう。

足利義満の二人の正室

足利義満の最初の正室は日野業子である。業子は前掲「日野家系図」に見られるように、資教の姉妹である。この時代の日野家当主は資教の甥重光(しげみつ)である。重光は応永元年（一三九四）二十五歳で権中納言に任じられ、三年には権大納言従二位、十年正二位、十五年従一位、十八年大納言と昇進し、二十年後小松天皇の院執権となっている。重光の父は明徳元年（一三九〇）に亡くなっており、父の弟で重光の伯父資教（すけのり）が日野家を率いていたが、資教の官位昇進は重光に

室町期、日野家代々当主の兄弟姉妹

俊光	男8女2	公家5、山僧2、寺僧	院女房、公家妻
時光	男2女3	公家2	典侍、公家妻2、不明
資教	男4女3	公家2、山僧、醍僧	義満室、公家妻2
盛光	男1女3	醍僧	准后資子、院女房、公家妻
有光	男1女1	公家	典侍
資親	女2		院典侍2
重光	男4女3	公家3、僧（東北院）	義満室、義持室、典侍
義資	男7女5	興3、東大、禅、山、公家	義教室、義教室、景愛寺住持
政光	男1（勝光）		
光芸	男4女4	禅2、山、興	義政室富子、義視室、早世2
永継	女3		義澄室、公家妻、不明
勝光（実は政光の男）			
政資	男4女3	公家2、山、興	義尚室、景愛寺長老、不明
晴光	男3女1	禅、山、興	遊佐長教妾
輝資	男3女2	公家、興、僧（本満寺）	神主（津守氏）妻、不明

山…延暦寺円仁流、醍…醍醐寺、興…興福寺、寺…園城寺円珍流

及ばず、応永十二年五十一歳のとき出家している。業子は重光の叔母にあたる。業子が足利義満の正室になるにあたっては、先述の業子の叔母日野宣子（「岡松一品」と呼ばれた）がすでに宮廷内で大きな力を持っており、義満と業子の婚姻を仲介したと言われている。つまり、天皇家に仕える重光や、女房として名高い宣子など、日野家一族の男女が挙げて後援する環境の中で、業子は正室の座を獲得したのである。

御台所業子には、幕府から御料所が与えられた。それは洛北に位置する久多荘で、醍醐寺三宝院が預所として管掌していたようである。その証拠に、しばらく後の応永元年（一三九四）の室町幕府御教書案によると、「御台御料所山城国久多荘」は御料所として三宝院に安堵されているからである（『葛川明王院文書』）。この事実から、将軍家御台所には、御料所が与えられる慣習が義満時代に成立していたことが確認できる。

この業子が病を得て応永十二年七月十一日に五十一歳で薨じたため、業子には従一位が追贈され、その兄弟日野資教も正二位から従一位に叙されたが、資教は出家したのであった。応永十二年、義満は四十六歳であるから、業子について亡くなった時に「五十一歳云々」と記している山科教言（やましなのりとき）の日記『教言卿記（のりときききょうき）』の記事から考えて、業子は義満より五歳年長の正室であったことになる。

亡くなった業子に代わって正室の座に就いたのが、業子の姪で日野重光の一歳年長の姉康子（やすこ）である。康子は応永四年（一三九七）には、義満が造営した北山第の内部にある「南御所」に住んでいたようなので、康子を室として迎えたのは応永初年と見られる。しかし『教言卿記』に康子が初めて登場するのは、応永十三年五月九日であるから、業子の死後、業子に代わって「南御所」康子が義満正室としての務めを正式に果たすことになったと考える。正室の座に就いたのは一人であり、多くの側室を持つ義満ではあるが、正室の座は業子から康子へと、正確に交替させたのである。

以後康子は義満に同行して、後光厳後宮で広橋家出身の崇賢門院（すうけんもんいん）（仲子）や、義満の娘喝食聖久（せいきゅう）と共に、兵庫港へ明船を見物に出かけたり（応永十三年五月など）、義満・聖久と共に伊勢参宮に輿（こし）を連ねて参ったりするようになる。義満正室の交替に伴って、日野家のなかでも業子の兄弟資教から、康子の弟重光への重用の移動が顕著となった。もともと重光は応永五年十一月には自邸で義満の子女の着袴と魚味の儀を行い、義満のお気に入りの公家であることが世間に知られていたが、応永十三年十一月、寵愛する義昭の魚味の儀を再び重光邸で行わせるという栄誉に浴していた。さらに義満は「伝奏奉書（てんそうほうしょ）」を重光に書かせている。このことから、重光は万里小路家と並び、日野家の重光が「伝奏」の重役を務めていたことが分かる。

義満時代の日明貿易

義満が積極的に日明貿易を推進したことは知られている。応永二年（一三九五）、三十八歳の若さで出家した義満は、二年後の応永四年四月に北山第を立柱上棟したあと、八月、明に使者を派遣した。十二月には朝鮮国王から使者が守護大名大内氏のもとにやってきて、大内義弘に対し、義満と大内氏が協力して倭寇を禁圧してほしいと依頼した。これに応じて応永五年、義満は書を朝鮮国王に送り、倭寇禁圧を約束する。大内義弘は応永六年六月倭寇を討つが、鎌倉公方足利満兼（みつかね）と結んで幕府に叛旗を翻したことにより、十二月、堺で敗死してしまう（応永の乱）。大内義弘の死によって、倭寇禁圧と日明貿易の主体は足利義満の双肩に担われることとなった。

義満時代最初の遣明船は応永八年（一四〇一）五月に出航する。正使は同朋衆の祖阿弥、副使は博多の商人肥富であった。この船は九月、明使を伴って帰国した。

この義満代最初の遣明船を受け入れたのは明の第二代皇帝建文帝である。この人は明の初代洪武帝の孫である。ここに義満は明と通交している他の東アジアの国々と同じく日本「国王」に冊封されたのであった。八月に帰国した船を見物するため、義満は兵庫に下向し、九月には明使を北山第で引見し、応永十年、帰国する明使には「日本国王」と書いた義満の書を持たせている。

応永十一年五月、義満は明使を北山第に引見し、明の皇帝から与えられた「日本国王之印」と永楽帝の発行した勘合符などを受け取る。以後義満は十二年、十三年、十四年と、十五年に亡くなるまで、毎年明使を引見したのであった。

先述の康子が義満に同行して崇賢門院仲子や義満の娘聖久と共に兵庫へと明船見物に出かけたのは十三年五月のことであった。その年の十二月二十七日、後円融天皇の後室通陽門院厳子（時の後小松天皇の生母）が亡くなる。そのため後小松天皇の「諒闇」を避けるという名目で、康子は准三宮宣下を受けて「准母」となり、院号「北山院」を受けることとなった。院司には、山科家の教興が補せられた。

応永十四年の義満の外交でも注目すべき事項がある。明に倭寇を引き渡し、書を献じた義満は、明から国書を拝領した。この正式外交とは別に、義満は明の皇太子（のちの洪熙帝）に対して、皇太子冊立を祝う特使を南京に送っている。翌年、明に帰った使臣は「かつて私は洪武帝を夢に見ました」との義満の伝言を永楽帝に伝えたので、永楽帝はたいそう喜んだ。また応永十五年に南京に赴いた遣明使堅中圭密（けんちゅうけいみつ）は、永楽帝皇后の著書『勧善・内訓』二書を頂きたいとの義満の言葉に応じて、各百部を持ち帰ったという（『明実録（みんじつろく）』など）。

右の事実から、明の冊封体制に組み入れられた「日本国王」義満は、大きな富を得てそれを天皇家、公家、武家、寺社に配分するばかりでなく、明の皇帝の政治理念を学び、さらに皇后の権限と役割をも吸収し、正室康子には天皇家の准母として、大きく広がった義満の権限の一部すなわち「朝廷と将軍家との家外交」を担わせようと考えたのではなかろうか。

しかし皮肉なことに、圭密が二書を求めて、彼にとっては二度目の派遣であったが、明に向かった応永十五年五月のその直後、義満は没したのであった。

貿易船のもたらした利益の使途

ここで足利義満の採用した日明貿易の利の一端について考えてみる。日本側の利益がどれほどのものであったかは把握することが難しいが、義満が貿易の利をどのように使ったかは把握できる。たとえば応永十四年の場合、三月、北山女院の院号定めの「仗議（じょうぎ）」や「入内（じゅだい）」など祝いの行事が行われていた最中の三月にやってきた明船に対して、義満は特に喜んでおり、この時「唐船」（明船）から銭一万貫が義満に献上されたという。八月に明使が義満の「北山殿」に参上した時、「鵞眼（ががん）」（穴あきの宋時代の通用銭）十萬五千貫が進上されている。九月には明へ帰る船から義満は二十万貫をもらっている。合計三十一万五千貫が一年のうちに義満のものになったことがわかる。そのうち十万疋（一〇〇〇貫文）が十月、禁裏に献金され、公家花山院（かざんいん）家には邸宅の修理費として一万五千疋（一五〇貫文）が与えられた。山科教言はこの給付に対して、「言語道断」「珍重」と評している。そして花山院家はきっと「手足之舞踏を知らざるか」と感想を日記に記した。

この時代、この一万五千疋（一五〇貫文）とはどれくらいの価値なのか、推測してみよう。将軍足利義満から厚遇されていた山科家は、義満生存期、一年間に所領荘園から約四二〇貫文の収入があった。一方内蔵寮の管掌という公家としての役職から、率分関からの関銭収入や、「御服」の調進に対する「月宛」として毎月三十貫文、つまり年間三百六十貫文の手当が与えられていた。合計すると、現銭収入は約四二〇貫文を超える額となる。一方内蔵頭を代々務めてきたことによる荘園収入は、飢饉の年などの「買米」を含めて、現物収入や人夫としての納付が多いので正確には測れないが、ほぼ四〇〇貫文を超えると考えられ、合計すると一年の収入は約八〇〇貫文ほどである（田端『中世村落の構造と領主制』）。花山院家の年間収入は分からないが、公家・荘園領主としての年収の約四分の一、現銭収入の半分ほどにも当たる銭貨が、一度に、邸宅修理費用として与えられたのであるから、その喜びは飛び上がるほど嬉しかったに相違ない。

いっぽう、義満が日明貿易から得た収入を計算してみると、右に述べた応永十四年の場合、この年のみで三十一万五千貫文を礼銭として手にしている（『教言卿記』）。この外にも「輿」など珍しい贈り物を義満は得ている。

三十一万五千貫文によってどれくらいの量の米が買えるのであろうか。山科教言の日記『教言卿記』では応永十五年（一四〇八）山科家が山科郷で買った米を京の山科家に運搬させた時の「買米」の値段は、一石四斗が二貫五三〇文であると記されている。この場合は一石が一貫八一〇文で売られていたことになる。前年の三十一万五千貫文という義満の臨時収入を買米の値段で割ってみると、約一七万四〇三三石となる。年によって気候や災害などにより、また都と地方では米価が異なるので、一概には言えないが、応永十五年の米の売値はきわめて高値であったようである。事実応永十四年十月の記事には「当年天下大損亡」とある。平均して室町時代に一貫文で五升から一石の米が買えたとすると、一人が一日の食料として三合で主食・副食代をまかなっていたと仮定して、一年では約一石の米が必要になり、おおよそ一人一貫文から二貫文が最低限の食費と推定できる。であるならば義満が応永十四年に礼物として得た貿易の利は、約一五万七千人から三十一万五千人の人を飢えさせない（一年間の食費）ほどの巨額な費用であったことになる。

しかし義満はそのうちの十万疋（一〇〇〇貫文）を禁裏に献金し、紀伊国日前国懸（ひのくまくにかかす）社に兵庫の倉料足などとして三〇〇〇貫を寄進し、花山院家に一五〇貫文を邸宅修理費として与えたのであった。しかし、義満が「土民百姓」に賑給（しんごう）を行ったという記録は残念ながら見つかっていない。

公家が仕える足利将軍家

山科教言をはじめとする山科家一族が、武家の棟梁である足利義満の家臣のように将軍家に仕え、様々な資金援助や賜物を得ることができた背景には、この時代の武家と公家のあり方の変化があったと考える。日野家は将軍家の正室を出し、天皇家の正室にもなり、公家として武家伝奏や南都伝奏の地位にも就いたことにより、義満時代には公家として繁栄することができた。

山科家は公家として内蔵頭の職務を第一の職掌とし、禁裏御服や季節ごとの食料、行事材料（三毬杖竹など）の調進を務めてきた。御服調進などの力量が評価されて、義満出家後には康子の「准母」としての地位に相応しい御服などを山科家から作り出させたのである。山科家が義満から重んじられている日野家に足繁く出入りし、日野家の家司のように立ち働いた理由は、内蔵寮領から山科家の家領化していた山科家管掌の諸荘園や関銭徴収権などを、武家特に守護大名からの違乱から守るためであった。義満生存中に山科家が足繁く義満の北山第に通ったのはそのためである。応永十五年五月に義満が亡くなると、早速山科家はまず北山女院康子のもとに参賀し、ついで七月に備中水田郷などの所領が守護細川頼重に競望されると、時の将軍「大御所」義持への進物に力を入れるようになっている。公家が時の将軍家の家臣化するのは、ひとえに家領荘園と家職を安定的に保持し続けるために他ならなかった。公家の将軍家家臣化は室町時代の政治の流れに見合った現象であったと言えよう。

義満のまとった金襴の袈裟

将軍家にとっても公家の家臣化は様々なメリットをもたらした。義満の肖像画について造詣の深い菅原正子は、義満の死の直後の七月に山科教言が相国寺で見た肖像画では、義満は桐に竹を組み合わせた文様の赤色の法衣を着て、その上に牡丹唐草文の金襴の袈裟と横披（袈裟の上に右肩から左脇に着ける長方形の布）を着けていたと述べている。

赤色の法衣は法皇・皇族・貴人が儀式などの時に身に着ける装束である。法衣に付けられた桐竹紋について菅原は「天皇・上皇が衣服に使用していた桐竹紋から竹を除いた桐紋を家紋にした」のではないかとし、また、「桐唐草紋」も以後文様として足利家に継承されたとしている。義満は足利家の家紋をあらたに設定した人と言えるであろう。

いっぽう、義満の身に着けた金襴の袈裟・横披は、金糸で文様を織り出した紋織物であり、室町期にはまだ日本で織り出されておらず、日本で初めて織られたのは豊臣秀吉時代の文禄元年（一五九二）である。

これに対し、金箔を丈夫な紙に貼って細く裁断して作られた金糸を織り込んだ織物は、中国では唐代から始まり、日本にももたらされ、正倉院に残る綴れ織りの断片として残っている。しかし、金銀箔だけで文様を織り出す技術の始まりは、宋代である。南北朝内乱の始まる元徳二年（一三三〇）後醍醐天皇が比叡山根本中堂（こんぽんちゅうどう）に行幸した時に、本尊の御厨子四面に「金襴の御帳」が懸けられていたとされ、「希代の御願なるべし」と見る人を驚かせた金襴は、まだ日本製は登場していない段階であるから、日宋貿易や僧侶の渡航によってもたらされた物であると推測される。

菅原によると義満は応永三年から金襴の袈裟を着用しているとも言われる。前述のように義満は出家以後積極的に日明貿易を展開した。いっぽう肖像画から考えて、義満は応永三年から金襴の袈裟を着用していた。そして亡くなった直後の応永十五年七月に山科教言が見た肖像画には金襴の牡丹唐草文の袈裟・横披が描かれていたので、これは義満以前の日宋・日明貿易でもたらされたか、応永八年以後の義満時代の正式遣明船の往復の際、明皇帝から賜与された船来の金襴（紋織物）であったと考えられる。このように舶来の袈裟・横披を纏った肖像画が作成され、それが鹿苑寺金閣に残された背景には、日明貿易で成果を上げた義満の事績に対する賞賛の思いが、当代に存在したためであろうか。

4 足利義持期の日野氏

足利義満から将軍職を譲られた義持は、義満の子であり、四代将軍となった。義持の弟が義円（のちの七代将軍義教）である。義持の母は義満の側室藤原慶子であって、義持の正室は日野家出身の栄子であり、栄子は「義量」を産んだので、義量が五代将軍となった。

足利義持の政治

足利義持はわずか九歳の応永元年（一三九四）に将軍職を嗣いだが、義満が太政大臣として朝廷の実権も握っていたため、応永十五年（一四〇八）義満が亡くなるまで、将軍としての権限は発揮できなかった。しかし義満没後は二十三歳の将軍として、管領の助けを受けながら、主に鎌倉府対策を主題として取り組んだ。義持が鎌倉府と和睦するのは応永三十一年（一四二四）であるから、将軍襲封から十六年間を要したことになる。その間に、弟で、義満と摂津能秀の娘との間に生まれ、義満が晩年寵愛した義嗣が、上杉禅秀の乱に連座して応永二十五年（一四一八）に処刑されるという事件もあった。また義持は、義満が積極的に推進してきた日明貿易を中止し、明との断交を決定して、このことでも義満時代との差違を表明していた。

しかし義持は時の天皇後小松天皇、その子称光天皇とは父義満時代の南北朝合一（明徳三年〔一三九二）や内裏造営（応永八年〔一四〇一〕）に倣い、良い関係を持続していた。その背景には、後小松天皇の正室が日野家の盛光の姉妹資子で、称光天皇と小川宮の生母でもあったという天皇家との緊密な関係があった。また後小松天皇の院執権を務めたのは日野重光であり、重光の姉康子は義満室、妹栄子が義持室と、姉妹が二代の将軍家正室であったことから、義満死後義持の時代も、日野家は将軍家と最も近い公家として繁栄していた。日野重光自身は武家伝奏や南都伝奏を務めて、公家・寺社の訴訟を幕府に取り次ぐ立場にあったので、義満・義持将軍期に、公家・寺社の立場を守る役割を果たした公家であったとも言える。

重光ばかりでなく、時光の姉妹には典侍を務めた名子、豊子、教子や、「岡松一品」と呼ばれた宣子がおり、前掲系図（十二ページ）に見られるように、後小松天皇の「女房」となった女性や「典侍」となった女性もいて、義満時代以後多くの日野家の女性が朝廷に入り女房となって昇進していたことが分かる。なかでも業子の義満との婚姻にあたり、叔母の「岡松一品」日野宣子が仲介している点は注目される。また前述のように康暦元年（一三七九）正月の異例の給天盃事件（当時権大納言にすぎなかった義満が、天皇より先に「主上の御酌を取る」という不敬をはたらいた事件）を準備したのは、「准后二条良基、三宝院光済僧正、二位尼日野宣子」らであったとされる（今谷明『室町の王権』）ように、女房として注目を集める人々がいたのである。こうした朝廷に入って女房を務めた日野家一族の女性たちや天皇家と将軍家の妻室となった日野家の女性たちの様々な支援によって、日野一族の男性は、日野（裏松）以外に日野流諸家すなわち烏丸、日野町、広橋、柳原などの家を興し発展することができたのである。義満が二人目の正室康子を応永十四年に「北山女院」に据えることができたのも、こうした日野家の男性の活躍と、女性の朝廷女房としての幅広い活躍が、南北朝期以後室町前期にかけて見られたからに他ならない。

将軍となった足利義持の前半時代すなわち義満生存期は、義持の将軍としての独自の施策は見られず、義満が日明貿易の利を天皇家公家寺社に惜しげもなく分け与え、守護大名家を力で押さえつけていたことによって、平穏な時間が保たれていた。その時期には前述のように義満の二番目の正室康子が「北山院（北山女院）」と呼ばれ、女院格の尊崇を得て、将軍家と足利家、日野家や山科家の公家階級も、廷臣であるが幕府の御恩にも預かり、その存在を保証されていた。

上杉禅秀の乱の余波

しかし応永二十年（一四一三）三月十六日に日野重光が亡くなり、義満時代が最終的に終焉を迎え、続いて応永二十三年に「上杉禅秀の乱」が起こることにより、新しい局面が訪れる。この乱は関東管領を辞した上杉禅秀（氏憲）が、反足利義持・反足利持氏（鎌倉公方）勢力や一門・姻族と力を合わせて挙兵したものである。この乱に際し、義持と幕府は持氏を支持し、十一月持氏に旗を与え、今川氏らに出陣を命じたので、上杉禅宗らは翌年正月に敗死した。

この乱の余波は義持の弟義嗣（母は春日局、義満の晩年その正室康子の邸宅北山第南御所で楽を習っていた）に及ぶ。義嗣は「反義持」と見なされ、山城高尾に逃れ、次いで出家した。義嗣に仕えてきた近臣日野持光（もちみつ）、山科教高（のりたか）（教興の従兄弟で教遠の息）、嗣教（つぐのり）（教興息）も加賀に配流され出家したのであった。教高や嗣教は、楽を通じて義嗣と親しかったためである。応永二十三年十一月、幕府は足利義嗣を林光院に閉じこめ、山科教高ら四人を加賀に送った。十一月九日、伏見宮貞成親王は『看聞御記』（看聞日記とも）に、これらの人々について「故北山殿（義満）寵愛せられ栄花を誇る、事傍若無人」と記している。義嗣はこの事件により出家し、以後義持によって幽閉され、応永二十五年二十五歳の年に殺されている。

応永二十四年（一四一七）、院執権には日野有光が任じられ、山科教遠（教高の父）は民部卿を辞めさせられる。将軍家では義持の子義量の元服式が行われ、義持・義量父子は称光天皇の元に参内し、次いで天皇の父君後小松天皇の東洞院仙洞御所に参っている。日野一族中の光氏（日野重光の弟）は系図に「正五下、右衛門権佐」「北山院御猶子云々」とあるので、康子の猶子であったと思われるが、「武命に違い出家」ともあり、応永二十五年に殺害されている。続いて山科教高も殺された。上杉禅秀の乱は日野家、山科家のみならず京都の公家社会にも大きな政治的変動をもたらしたのであった。

公家が政治情勢の変化に巻き込まれて武家間の争いの渦中に入れられ、命や所領を失う事態は、義満政権期から顕著になっていた。これは将軍家が公家に対して御恩を与え、それに対して公家階級のなかに、武家政権に頼って所領を守ろうとする意識が一般化したためである。この傾向は義持時代にはいっそう顕著になる。たとえば応永二十九年九月、義持は庭田重有と四条隆夏の訴論を裁許し、丹波国小河内三名方の地を隆夏に渡付しているからである（『看聞御記』）。公家間の争論の裁許は幕府の管掌する事項になっていることが分かる。こうして朝廷から幕府へと、公家に関する裁判権は次第に移行していったのである。

義持の次の征夷大将軍は、義嗣の処刑によって、義持と日野栄子の間の子息義量と決まった。しかし義量将軍期は応永三十年三月十八日から三十二年二月二十七日と、約二年間（十七歳から十九歳）の短期にすぎなかった。そのため実質的には、義持政権が継続したと考えてよい。義嗣が将軍になった直後の応永三十年四月義持は出家したが、朝鮮の使者が来て謁見したのは義持であり、このとき義持は大蔵経（だいぞうきょう）を贈られている。

対外関係については義持は応永十五年、義満の死を明に通告したところ、明の永楽帝は義持を「日本国王」に封じており、政権の初めの応永十七年まで、義満への諡号（しごう）（おくりな）賜与に対し感謝の念を表明していた（『明実録（みんじつろく）』）。ところが応永十八年九月、義持は明使が入京することを許さず、使節は兵庫より帰国するという事件が発生している。これ以後明との通交は断絶し、義持は通交の相手を朝鮮に限っている。応永二十一年義持は朝鮮に使者を派遣し、大蔵経を求めたのであった。

ついで義持政権期の応永二十六年には、朝鮮が対馬に来寇し、九州の守護大名少弐満貞（しょうにみつさだ）らが奮戦してこれを破るという大事件が持ち上がっていた。こうした対外情勢の悪化のためであろう、幕府は応永二十六年七月に兵庫にやってきた明使呂淵（ろえん）を明に帰らせている。このように義満時代のような濃密な明との友好関係は、義持時代には大幅に縮小された。その理由は倭寇が明や朝鮮の辺境を犯す行為が復活したためであろう。

義量が二年間という短期政権に終わった理由は、義量が将軍位に就いていた応永三十一年正月に当時流行していた疱瘡（ほうそう）に罹患したこと、それ以前より「大酒」を嗜む習慣から抜け出せなかったことにあったと思われる。義持もこの習癖を心配し、応永二十八年に、義量の近臣に誓書を出させて（『花営三代記』）、悪癖を絶ちきろうとした。しかしこの努力も叶わなかった。

義量の死後、再び義持政権期が復活する。義持は後小松上皇とは親しい関係を持ち続け、また寺社への参詣も足繁く行い、連歌や田楽という共通の文化を享受し続けた。義持は仙洞御所の新造も行っており、天皇家との関係は義満時代にも増して緊密友好的であった。

しかし応永三十三年六月、坂本の馬借が蜂起し、京都に乱入して、北野社公文所を焼こうとし、幕府が兵を出して北野社を守護するという事件が持ち上がった。七月には、幕府は東寺領播磨国矢野荘と若狭国太良荘に対して、守護が造大神宮役夫工米を催促するのを止めさせ、また、義持は三宝院満済と上杉満朝との訴訟を和与させている。

このように義持時代には、幕府に公家や寺社の争論が持ち込まれ、裁許が将軍家とその配下の機関に仰がれる時代が到来したことがわかる。応永三十三年には義持は東福寺海蔵院に所領を安堵し、三十四年には臨川寺に寺領を安堵している。幕府と関係の深い寺社には、将軍家が安堵状を発給することが普通になり始めたのである。もちろん、武家に対する所領安堵権は将軍家にあったので、将軍家は義持時代、その安堵権、訴訟裁決権を公家や寺社にまで広げていることが明白になる。

義持時代と言えるのは、足利義満の亡くなった応永十五年（一四〇八）から、その子義量将軍期（応永三十年三月から応永三十二年二月）を含んで、亡くなる正長元年（一四二八）正月までの二〇年間であったと言える。義持は亡くなる直前、次の将軍を決定すべく、管領畠山満家に命じて石清水八幡宮に向かい、継嗣を決めさせた。この抽籤で決まったのが義持の弟青蓮院義円であった。この継承の事実を確認した翌日の正月十八日、義持は亡くなっている。

平穏な義持時代

義持時代がおおよそ平穏に経過したのは、将軍家と天皇家の関係が良好で、摩擦がなく、天皇家特に後小松院と将軍義持が連歌、猿楽などを愛好し、義持は足繁く参内参院し、また三条八幡宮、北野社、清水寺、石清水八幡宮などへの参詣を繰り返すという、天皇家と将軍義持が共通の文化を享受し、信仰心も篤い将軍であったからである。両者の後継者である将軍義量と称光天皇にも、「大酒」を好んで親から諌められるという共通点があった。こうした共通点が表れるのも、後小松天皇の母厳子が日野家出身で、後小松天皇の正室で称光天皇の生母は日野資子（盛光の姉妹）だったからである。天皇家と将軍家は日野一族を介して親族だったのであった。そのため将軍義持は天皇家への経済的援助を、義満時代同様に惜しまなかったのであり、そうすることによって、寺社間の争論をも、幕府に担当させることができたのである。日明貿易に対しては積極性を欠いた義持ではあったが、正長元年まで安定期が続き、幕府財政が酒屋・土倉からの出銭を含めて新しい経済分野へと拡大したことも、幕府・将軍家の地位を安定させた理由であったと言える。

日野家の受難

日野家では義満時代に重用されていた重光が応永二十年（一四一三）に亡くなった後、弟の烏丸豊光が院執権となり、義満後室北山院康子が健在な間は、日野有光が応永二十四年、後小松上皇の院執権となっていた。しかし応永二十五年、足利義嗣事件が起こると、義嗣に連座して日野光氏、山科教高らが殺されてしまった。義嗣は義満の子息であるが、義持とは母が異なり、系図には母は「摂津能秀女」とあり、義持の弟に当たる人であった。義教とは同年の応永元年（一三九四）生まれであったと推定される。義満晩年の子であったためか義満に溺愛され、応永十五年（一四〇八）十五歳の年に昇殿を許され、従五位下に叙され、北山女院康子の元で養育されたが、応永二十四年（一四一七）に起こった上杉禅秀の乱に加担したとして、翌二十五年に日野光氏、山科教高と共に殺されてしまった。

しかし義持正室が日野栄子であったことが幸いし、日野義資（よしすけ）は応永二十六年従三位になり、北山院は応永二十六年に亡くなったが、皇弟小川宮が後小松上皇から勅譴を受けた時、日野資教邸に逃れてきたり、後小松院が日野重光の娘を「宮人（くうにん）」としたりした（応永二十七年）ことなど、日野一族を重用したことにより、日野家は天皇家と将軍家の双方に仕えるという両属の関係を維持し続けることができた。義持はこうした日野家との濃密な関係を他の公家にも敷衍し、広橋兼宣（かねのぶ）の出仕を許し、逆に勧修寺経興（かじゅうじつねおき）を籠居させ、公家間の訴論を裁許し（応永二十九年）、日野有光、勧修寺経興を籠居させたり免じたりと（応永三十年）、自らの幕臣のように操るようになっていた。このことが次の義教時代の公家にとっての「恐怖政治」に繋がる前哨であったのではなかろうか。

5 足利義教の執政と日野家

義教の正室は日野家の娘

義満時代に続き、朝廷との蜜月時代を形作った義持が正長元年（一四二八）正月に亡くなり、義持の同母（藤原慶子）の弟義円（義宣、のちの義教）が還俗してまず日野義資邸に入り、第六代足利将軍となった。義円はこの年三十五歳であり、武家に戻った義円は六月には正室として、日野重光の娘（義資の姉妹・法名観智院）を正室として迎える。しかしこの後この人には子が生まれなかったためであろう、観智院の妹重子が側室となり、義教の嫡子義勝（よしかつ）と義政（よしまさ）を産んだので、次の将軍家が決定する頃から、重子は生母として、尊重されることになる。こうして日野家は足利義満時代からの伝統に則って、将軍家正室を出す家として、公家のなかでも別格の扱いを受けていた。

義教にはしかし、日野家以外の多くの側室がいた。正親町三条（おおぎまちさんじょう）家から迎えた尹子（ただこ）はのち正室格に持ち上げられ、尹子の妹「三条上﨟」も側室に加えられ、名門公家の洞院家からも側室を出させていた。そのため同じ年に義教の子供が二人、三人と誕生したこともあった。

驚いたことに、三条尹子は永享三年（一四三一）以後「上様」と呼ばれている。このころ「観智院」は生存していて、彼女が亡くなるのは義教の死の六年後の文安四年（一四四七）である。義教は嘉吉の変（一四四一年）で横死したから、夫より長命であったことになる。よって三条尹子を「上様」と呼ばせたのは義教の恣意に基づくことが判明する。義教が採用した後述の「恐怖政治」は、将軍家正室の呼称にまで及んでいたことが分かる。

足利義教が将軍職に就く以前から表面化した紛争の火種は、鎌倉公方足利持氏問題と延暦寺や北野社西京神人（にしのきょうじにん）の強訴、それに正長土一揆とその背景にある飢饉・疫病の蔓延という社会不安の増大にあった（これらの政治上の課題に、将軍家と幕府がどう対処したかについては田端『室町将軍の御台所』を参照）。

正長の土一揆の翌年（永享元年〔一四二九〕）の四月、義教は征夷大将軍に任じられる。しかしここから始まった義教執政期には様々な問題が発生する。三条邸に住んでいた義教は室町第の作事を始め、

足利義教（妙興寺蔵）

青蓮院の大石を室町第に運ばせ、二年後には「小袖間」の立柱もなされている。社会不安や関東との対立が続いているこの時代に、一色（いっしき）氏の処罰をめぐり、管領畠山満家に諫止されたり、幕府護持僧をめぐって幕府と対立して、この護持僧は幕府によって再任されるなど、義教の政治は将軍就任直後から常軌を逸した危ういものになっていた。

そして永享三年、義教の姿は豹変する。この年の春先に、京都では「大焼亡」が発生し「数十町」が焼亡したのに加え、七月には京畿の飢饉は深刻さを増していた。この火事で上杉

氏などの武士の邸宅が焼けていることから、京都には、守護大名や幕府奉公衆、また奉行人などの屋敷が多数建設されていたことが推測される。

義教は、義持時代と同じく朝廷との良好な関係は維持しており、後小松上皇と共に猿楽や松囃子に興じ、幕府でも連歌や和歌を毎月催している。朝廷への経済的援助を背景に、天皇家や公家と将軍家は同じ文化を享受する良好な関係を構築していたことが分かる。

一方土民に対しては、土一揆を起こした際には、摂津多田荘（ただのしょう）の事例のように、丹波、摂津、播磨三国の武士を派遣して鎮圧するという、強権発動の姿勢を堅持していた。寺社に対してもこの年五月には、相国寺の僧四十余人を捕らえさせ、張本僧三人を追放した。追放の理由は「兵具所持」がけしからぬというものであり、『看聞御記』は「厳密之御沙汰」と述べている。

次に武士階級への義教の対処方法を見ると、八月、義教は大和の国衆筒井（つつい）氏と箸尾（はしお）氏の闘いに割って入り、義教は箸尾氏討伐を決定したので、畠山満家・細川持之（もちゆき）・山名持熙（もちひろ）らは義教を諫止し、その一方箸尾氏を諭して兵を引かせたので、有力守護大名の力で、なんとか合戦は早期に抑えられた。同じく八月、義教は怒って政所執事伊勢貞経（いせさだつね）を解職し、弟貞国（さだくに）に家を継がせた。幕府吏僚にも怒りの矛先を向けたのであった。十月には土倉方衆中に命じて、北野社松梅院禅能の加賀や和泉、美作、山城、河内にある質地を、武家遊佐（ゆさ）氏と木沢（きざわ）氏を使って取り上げ、光聚院に渡させた。また十月、小倉宮の月額御用度を武将たちに課している。義教は武士階級に対しても負担を増大させるばかりか、意のままに動かそうとしていたことが分かる。

公家に対しては二条持基に対し丹後賀悦荘（かやのしょう）の直務（じきむ）を認め、一条兼良（いちじょうかねよし）の子教賢は義教の猶子として宝池院（ほうちいん）に入寺したのは、二家にとって喜ぶべきことであったろう。反対に、中御門俊輔、土御門資家は義教の怒りに触れて所領を没収された。

これらの事実は、寺社、公家、武家に対する恐怖政治が始まったことを示している。この永享三年は、先述のように義教が日野家の正室に代わって、三条尹子を「上様」と呼ばせた年である。

奉行人奉書から見えるもの

永享三年から義教が威圧的になった背景に何があったのか、疑問が膨らむ。これまでの義教の恐怖政治に対する見方は、義教の個人的資質によると捉えられてきた。確かにそういう部分もあったであろうが、私見では、永享三年から幕府の奉行人層による幕府法制の整備と訴訟処理体制が充実した点に大きな根拠があると考える。

足利義満時代に奉行人が処理した事案は四種類に分類される。一つは南禅寺（なんぜんじ）造営材木の河上関勘過（かんか）を許可した応安三年の奉書のように、寺社の修造材木の勘過を認める奉書、二つは「御即位段銭」「建仁寺（けんにんじ）造営段銭」などの段銭（たんせん）の賦課を止めさせることを命じた奉書、三つは五条天神社造営要脚地（じ）口銭（ぐちせん）の催促を止めさせることを命じた奉書、四つは大山荘に対する役夫工米を京済（きょうさい）にすることを命じた奉書である。

これらの奉書の存在から、主要関所が幕府の管轄する料所となっていたこと、義教時代は、寺社造営のためであれば材木を積んだ船の勘過を認めていること、京都には地口銭、諸国には段銭を賦課し、その名目は賀茂社や建仁寺など京都の大寺社の造営要脚に充てるためのものであったことがわかる。

また段銭については応永七年から「京済」という京都での決済が登場していることも分かった。
義持時代の奉行人奉書は、一つは外宮役夫工米、稲荷社修理料段米など、米で修理料を徴収するのを止めさせる奉書がまず登場し、これはすぐに翌年から京済にして、地下催促は停止されている。二つは即位段銭・仙洞段銭・長講堂段銭や大奉幣米段銭・段米について、これも京済として地下の催促は止めるべしと、守護・守護代宛に奉書が発行されている点に特徴が見られる。三つは京都に課される地口は東寺領、六条八幡宮領、愛宕領などは「先々免除」されてきたとして免除している点が注目される。

義量時代（応永三〇・三一年）は、実質的には義持時代としてもよいが、山城国の大枝山（洛西西岡の大枝であろう）関に関する奉書が出現する。この関は「兵士米関」とあるので、関東の足利持氏との緊張関係の切迫という八月の情況から、幕府の軍勢に必要な米、銭を捻出するために設置された関所であったと思われる。義量時代にはこれらのほかに、若狭一、二宮造営段銭の免除が東寺領太良荘の地頭領家職を持っている東寺に対して認められている奉書もある。

応永三十四年、正長元年は将軍不在の年であるが（義持は正長元年一月に死去）、尾張国内の大徳寺領に対する行幸段銭の免除・京済と、熊野若王子社に対する年貢米の勘過を命じる奉書が出されている。

義教が義持後継者として正式に征夷大将軍に任じられる永享元年から翌二年には、御即位大嘗会段銭の京済を尾張守護代に命じた裁許、山城国内の土豪舞田氏と沢井氏の間の相論の裁許、美濃国内の賀茂社領の年貢についての裁許、興福寺の寺物についての裁許、寺社雑掌についての裁許、荘園の公文職をめぐる相論の裁許が見られることに気付く。この期間の裁許状は、寺社の雑掌や、荘園の公文クラスの武士すなわち村落の土豪層にまで、幕府の裁許の範囲が拡大していることが特徴と言えよう。義教時代の永享三年の裁許をテーマごとに整理すると次のようになる。


⑴住吉社の料所江口関所代官職に寺庵を補任。

⑵興福寺寺内の納所をめぐる相論を裁許。

⑶京中の日野家知行分屋地の一部に熊谷氏の領知を承認。

⑷清水寺・真如寺の年貢につき裁許。

⑸壱万部御経料所尾張国山田荘の荘務として下した蜷川(になかわ)越中守への合力を命じる。

⑹山門惣持院大工職をめぐる相論を裁許。

⑺宗金（幕府使節カ）に対する周防・長門両国内での警護を内藤氏に命じる。

⑻薩摩守護島津氏に対し、硫黄の上品五万斤の幕府への貢納を命じる。

⑼富士浅間宮造替のため段銭を他国にも課して遂行させているのに未だできていない、不日造功を遂ぐべしと執達。守護今川氏宛。

⑽紀伊国造と日前宮千顕氏との社領・寺領をめぐる相論を裁許。

⑾出雲朝山郷・来海荘の年貢・夫賃据え置きを命じる裁許。佐々木塩冶(えんや)氏宛。

⑿北野社松梅院禅能の借物であるので、下地・年貢は山門光聚院に渡すべしとの裁許状。三通。宛所は土倉一衆中、遊佐豊後入道、木沢常陸入道。

⒀海老名氏と大舘氏とが争う丹後賀悦荘（かやのしょう）内の地を、下地は、海老名氏に沙汰付けよとの裁許。守護代宛。

⒁東寺領の内、山城国内にある久世上下荘・植松荘・拝師荘（はやしのしょう）・上桂荘以下散在地への鴨社正殿造替段銭は、免除しているので催促を止めるよう命じる裁許状。造営奉行と守護代宛。

⒂殿下渡領丹後国賀悦荘領家職は、直務である旨、将軍家の仰せなので、摂政家（二条持基）に申し出るようにとの裁許。鷹司左兵衛督宛。

⒃山門の奉行職や荘園の預所職に関する裁許。

⒄御料所近江国兵主郷内二宮の図田職（等持寺（とうじじ）知行分）につき、上分米は山上（比叡山延暦寺）に、下地は等持寺雑掌に渡すべしとの裁許。

以上義教が征夷大将軍に任じられた直後の永享三年の幕府奉行人発給裁許状を並べてみた。この年にはそれまでに比べて、飛躍的に裁許状が増えており、内容も多岐にわたっていることが見て取れる。その背後にはどのような社会の変化があったのだろうか。

武家に対する裁許状が多くなり、武家同士の相論でなくても、段銭の徴収が守護に任されていたことから、国ごとの段銭徴収には守護・守護代・国人（こくじん）領主が関わっており、そうした国人層以上の武士階級が幕府財政と守護領国支配機構に参加する体制がつくられ始めていることが判明する。このことは、義満時代から形成され始めた守護領国制の確立、また守護権の強くない地域での国人領主制の確立と深く関わっている。筆者がかつて研究した安芸の国人領主小早川（こばやかわ）氏は、応永末ごろから嘉吉年間（一四二八〜四四年）に「惣領職（そうりょうしき）」を譲状に登場させ、以後は一族中から有力庶子家を出さず、単独相続に移行し、庶子を家臣化するとともに、「本宗被官」などと呼ばれる他姓の家臣（土豪層）を広く家臣化している（田端「小早川氏領主制の構造」『中世村落の構造と領主制』所収）。こうした武士階級に生じた大きな変化の波の存在が、裁許状に武士階級に関する事項が多くなり始めた理由であると考える。

また熊谷氏の屋敷が京都の中御門高倉にあった点から鑑みて、守護や番衆を務める国人領主層は、普遍的に京都に屋地や屋敷を所持していたと考えられる。小早川氏は鎌倉期から七条大宮に四半町の篝屋地（かがりやち）を持ち、また北霊山（りょうぜん）平松氏寺は、一族の祖土肥実平の墓所として所持していた。小早川一族中の大庶子家竹原小早川氏は、本宗家とは別に四条堀川油小路に屋地を持ち、それは戦国期まで継承されている（前掲論文参照）。

公家所領について義教が公家の「直務」を認めたのは、将軍家が天皇家と良好な関係を維持し文化を共有し、経済面で大きく天皇家・朝廷を支援する関係を構築してきた足利義満・義持時代からの方針が、まだ継続されていたからである。

寺社に対しては、造替費用を段銭として幕府が課し、その徴収は守護の権限とされたことは、守護領国制の確立を促進することに繋がった。また寺の奉行職や寺領の預所職など、在地の代官層に関する訴訟をも幕府は裁決し始めていることが分かる。寺社の在地支配権が弱体化し、それを補うために、幕府が在地住民と対峙する構図が成立し始めている。「壱万部御経料所」尾張国山田荘（やまだのしょう）に奉行蜷川越中守親吉（ちかよし）が下されたのは、「百姓逃散に備えて」とあることから、新しい賦課に対する民衆の反発を未然に防ぐためであった。民衆の側では、新加の負担に対する警戒感が広がったためであろう。幕府は民衆の動きに対処するため、当該国の守護（斯波氏）だけでなく、その周辺の今川、畠山という守護や寺院にも合力を命じたのである。

このように永享三年は幕府奉行人の奉書が飛躍的に増加した年であった。奉行人奉書の形式を概観してもこのことは言える。つまり奉行人奉書の基本的な形である奉行人連署（れんしょ）奉書に統一されるのが永享三年だからである。永享二年までは、奉行人が単身で発給する奉書も時には見られたが、永享三年の奉書はすべて連署奉書となっている。このことは幕府奉行人の裁許体制が整ったことを示す。奉行人蜷川氏が争論の発生した現地に派遣されて実情を探索している事実を見ても、この体制の整備は推測できる。

奉行人奉書の検討によって、奉行人が公家、寺社、武家の、しかもそれらの所領や寺院組織の代官層や被官層の争い、段銭・関銭などの室町時代特有の賦課、また酒屋・土倉という新しい金融商人に関わる争いを、訴訟として受け止め、裁決の実務にあたる体制が幕府にできあがりつつあったのが、永享三年であることが分かった。

特に公家についてては、本領安堵は基本的には天皇家からなされていたが、義教期には室町将軍からの家業の安堵も天皇と同じ件数ほど確認されること、日野家や広橋家など将軍家との縁の深い公家の相続にそれが見られることが明らかにされている（水野智之『室町時代公武関係の研究』）。

くわえて今回の奉行人奉書の検討によって、公家の「直務」は将軍家の仰せによって奉行人奉書の形で裁許がなされている（『室町幕府文書集成　奉行人奉書篇上』）ことが分かった点も注目されよう。室町幕府はこのように、鎌倉幕府と異なり、寺社や公家間、また寺社、公家と武家間、支配階級と一般住民（商人や職人・金融業者などを含む）の間に生じた訴訟を、これ以後広く担当するようになる。あらゆる階級の訴訟を幕府が一手に引き受ける制度の成立こそが、室町幕府の全国支配を戦国期まで支え続けた大きな柱であったと考える。

足利義教恐怖政治の背景

足利義教が征夷大将軍に任じられたのは永享元年で、播磨・大和・丹波などで大土一揆が起こり、社会不安が一気に増大した年であった。この永享元年七月から八月にかけて、幕府では「奉行人伺事規式」を定めて奉行人体制の充実を図っていたことが、前述の永享三年における奉行人体制の完成・充実として実現したのであろう。守護領国制、国人領主制も永享三年ごろより本格的に成立・充実し始める。

ところが将軍足利義教が採用した政治体制は、先学の多くの研究で述べられているように、万人に対する恐怖政治であった。日野家が受けた災難は田端『室町将軍の御台所』で詳述したのでそれを御覧いただきたい。本書は日野富子について考察することを主たる目的としているため、義教期における義教の正室側室やその子供たちについて付け加える点だけを、簡潔に述べておく。

義教の正室として最初に管領等の評定によって決定していたのは故裏松重光の娘「宗子」であり、応永三十五年六月に「御嫁娶之儀」が行われ、翌年この人は女子を産んだが、この子は永享三年に亡くなり、その直後に義持室栄子も亡くなった。義教は栄子の死の約一月前に正親町三条尹子を「正室」としている（『看聞御記』）。この経緯を見ても、義教が日野栄子の死後、極力日野家の影響力を削減しようと図っていることが分かる。

永享五年、義教側室洞院満季の娘「西御方」が女子を産んだ。翌年に生まれたのが、待望の男子義勝であり、生母は「本御台妹」日野重子である。なお重子が義教室となったのは、栄子の亡くなる永享三年（一四三一）七月以前であったと推測される。初めての義教の男子が日野重子から生まれた。この事を知って、側室「西御方」ともう一人の側室・新御台三条尹子の妹の二人は、激しい嫉妬や「邪気」の症状を露わにしている。そしてこの重子の義勝出産、続く永享八年の義政出産時に、義教は祝いのため日野邸を訪れた寺社、公家、武家に対し、容赦のない大弾圧を実施したのであった。日野家では重子の兄義資が、弾圧の被害に遭ったばかりでなく、殺害されてしまう。反対に尹子の兄正親町三条実雅は蔵人頭に任じられ、崇賢門院跡その他の御料所や日野・鷹司家から没収した所領などが与えられ、将軍家に厚遇されるのである。

このように義教が将軍専制・恐怖政治を行うことができた背景には、幕府が訴訟裁決を通じて、公家・寺社・武家や「土民」と呼ばれた一般民衆にまで管轄範囲を広げることができた点にあった。

将軍専制の背後

義教将軍期の将軍専制・恐怖政治の背景には、もう一つのキーワードがある。それは幕府が天皇の代替わりに即位段銭等を課し、伊勢神宮など大寺社の造替や造営にも段銭や段米を課して、その費用を徴収することができた点と、そうした国家的費用を各国ごとの守護に徴収させるいっぽう、将軍に直属する武力として奉公衆（番衆）を設置した点にある。

幕府が義教時代の永享年代に「外宮役夫工米」を銭貨で徴収したときの文書（『蜷川家文書之二』）を見ると、合計一万二二三四〇貫四四〇文の段銭が、能登国など二六国と尾張知多郡との計二七カ所から徴収されていることが判明する。この国名・地域名を、段銭をたくさん出した国から順に並べると、播磨（一二八〇貫文）、越前、河内、丹波、讃岐、越後、越中、美濃、国名未詳国、能登、尾張（五四九・五四八貫文）、備前（四六〇貫文）、土佐、阿波、三河、丹後、摂津、美作、若狭、備中、備後、伊勢、淡路、伊予、伯耆、飛驒、尾張知多郡（三〇貫文）となる。この段銭は、守護が国内から徴収したと考えられるので、上位にある国ほど、守護領国制の確立の度合いが進んでいたとも考えることができる。先述の小早川氏一族や熊谷氏、毛利氏などの本拠地がある安芸では、国人領主制が確立しており、守護権が強くない地域であったことも、この文書から分かるのである。

奉公衆（番衆）の組織が史料に残り始めるのも、義教時代からである。

鎌倉幕府では地頭御家人が将軍家と幕府から所領を安堵され、新しく給地を与えられて、御家人として幕府を支えていた。室町幕府初期にも、幕府に忠節を誓った「当参奉公人」があったが、義満、義持、義教期に至って、「奉公衆」と呼ばれる将軍家にお目見えする直勤御家人が整備され始めた。

この直勤御家人は五番に編成されていたので、「番衆」「五番衆」などとも呼ばれる。

室町期の番衆については、永享年中に番帳が作成され、文安五年（一四四八）にも作成された。特に後者は、この後、永正十三年（一五一六）、天文九年（一五四〇）に書写されたことが見えるので（『蜷川家文書之二』三〇、三一号）、室町戦国期を通じて幕府の基準番帳であったことが分かる。しかし応仁・文明の乱、明応の政変、守護大名の戦国大名化などの情勢の変化により、明応以後は形骸化し、崩壊の一途を辿ったと考えられる。

番衆は、日常は将軍御所内で番ごとに警護にあたり、将軍の寺社参詣などに供奉したが、合戦が始まると将軍直勤の馬廻として出兵した。将軍は番衆に御料所を与え、そこでの段銭京済（きょうせい）権、守護使不入権を特権として与えた。一番衆は六四人、申次（もうしつぎ）五人（すべて伊勢氏）、詰衆四人、在国衆一二人の総勢八五人を数えた。これが五番まであったので、番衆全体では四、五〇〇人ほどの人数であったと考えられる。合戦時にはそれぞれ郎党や中間を従えただろうから、二〇〇〇騎にも上る軍勢となったであろう。番帳の最後には「外様衆」の記載があり、上杉、仁木、吉見、一色、赤松（あかまつ）、細川、土岐（とき）、二階堂、佐々木、山名、今川神原、千秋、桃井（もものい）など、戦国期に活躍する武士の多くの姓が記されている。くわえて三一号文書には、西佐々木など多くの人名が欠落していることが注記にあるので、「外様衆」は守護大名の一族や守護代クラスの武士を指すと考えられ、これらの人々も合戦時には「諸大名御相伴衆」などを伴って出陣要請されたと思われる。そうであれば、もし義教時代に将軍親衛軍が組織されれば、三〇〇〇人を超える大規模なものになったであろうと想像される。

番衆に組織された武士たちは、守護大名の庶流、その被官、足利氏の根本被官、伊勢氏、蜷川氏などの奉行人、有力国人領主であった。出身地域は畿内近国の近江・美濃・尾張・三河出身者が多い。

安芸の国人領主小早川氏一族は筆者の『中世村落の構造と領主制』で述べたように、応永末から嘉吉の時期には一族内に「惣領職」の語が登場し、以後、惣領家沼田小早川氏、最有力庶子家である竹原小早川家の双方で、それまでに輩出した多くの庶子家を次第に家臣化し、それればかりでなく配下の土豪層を「本宗被官」（直属被官）として、それぞれ惣領の地位を強化し、単独相続と国人領主制の強化に成功している。そしてこの時期に、惣領職は持平（沼田小早川家）─凞平（同）─盛景（竹原小早川家）─凞平と、幕府の命により転々と代えられた。その理由について前稿で「盛景に（惣領職が）与えられたのは持平・凞平兄弟の対立に対する一時の便宜的な異例の処置」であり、「それはこの時に限って十六の庶子家あてに命が伝えられていることによってもわかる」と記した。

この結論をさらに補足する事実が、このたび番衆を検討することで見つかった。本宗家沼田小早川凞平は、四番衆中に名が見え、竹原小早川盛景は二番衆中に記されている。そのほか小早川一族では小早川次郎太郎が凞平と同じ四番衆に、小早川右京亮と小早川少輔太郎左衛門尉が四番在国衆中にあることが分かった。四番には武田氏、土岐氏、山内氏、海老名氏、和田氏など義教時代に知られる多くの国人領主の姓が見られるのである。小早川少輔太郎左衛門尉は小早川氏庶子家の「浦」氏ではないかとの注記も刊本『大日本古文書　小早川家文書』には存在する。「浦」姓の庶子家は凞平の三代前に本宗から出た庶子家三家のうちの一家であるので、本宗家の凞平と同じ番衆中の在国衆として組織されたのであろう。煕平や盛景は京都に住んで日常的に将軍に近侍する義務があったので、番衆のなかでも地位に大きな格差があったと考えられる。

これらの史料から、惣領職が持平―煕平―盛景―煕平と移動させられたのは、幕府の命によるから、幕府の国人領主制確立への介入による将軍権力の強化の意味も確かにある。反面、このような上からの圧力にもめげず、国人領主小早川氏は、荘園領主に対して領家分年貢の請切を獲得し、下地の領知権を将軍家から承認され、段銭京済権を獲得し、新田開発に邁進して荘園経営に努力を積み重ね、本宗被官という名で他姓の土豪層を家臣化し、彼らや庶子家からの被官を含めて、直臣団を形成しつつあったことがその背景にあったと考える。幕府が将軍直臣団として番衆を組織したまさに義持・義教期に、国人領主層は自ら積極的にその機会（番衆への組織化）を生かし、様々な努力を重ねて、領主制の再編成すなわち国人領主制の確立を実現したと言えよう。

前述のように、将軍足利義教期に将軍家が採用したのは恐怖政治・専制政治であった。それが可能であったのは、義持時代からの天皇家との親密な関係が持続され、天皇即位や寺社造替には幕府が全国から段銭を徴収して費用負担を行うほか、必要な材木の輸送には過書（かしょ）を発行して関銭を免除するなど、もっぱら保護する施策を継続する代わりに、寺社の坊官や寺社領の代官に関する訴訟、また公家や寺社と武家との間に生じた訴訟を奉行人制度を立ち上げることによって裁決する権限を次第に確立していったためである。

訴訟の裁決とならび重要なのは、その判決を守らせ、段銭などの徴収を担当する部署つまり番衆体制の確立であった。訴訟の裁決機関としての奉行人制度の整備確立と、将軍直轄武力としての番衆の確立こそが、将軍専制を支えた大きな柱であったと考える。

酒屋・土倉役が幕府収入の大黒柱

義教時代に、奉行人制度の整備確立と番衆体制の確立のような、画期的な幕府体制をつくりあげた背景には、何があったのだろうか、それは幕府収入の骨格を担う酒屋・土倉役の成立であったと考える。鎌倉末正和のころ（一三一二～一七年）、京都市中には三三〇軒余の土倉があり、坂本や嵯峨（さが）にも多くの土倉があったという。その多くは「山門気風の土倉」と記されているので、延暦寺や、山門の代理の位置にあった祇園社の配下にあったことが分かる。そしてほとんどの酒屋が土倉（貸金業）を兼業するようになった。このように鎌倉末以来急成長した土倉について、幕府は明徳四年（一三九三）「洛中辺土散在土倉並酒屋役条々」を出して、幕府政所方の年中行事費用年額六〇〇〇貫文を負担すれば、それまで寺社（比叡山延暦寺、祇園社など）や朝廷（造酒正押小路家）から課されていた臨時課役（かやく）を免除すると規定して、酒屋・土倉を幕府配下に一元的に統制し財源とする道を開いたのである。この条々の公布は管領斯波義将名で出されている。足利義満の時代であった。こうして酒屋・土倉役は室町時代を通じて幕府の財源を支える太い柱となった。

したがってこれ以後、奉行衆の日常の訴訟の裁決を行うための会議を支えたり、番衆の勤番体制を支えたり、将軍家一族の行事費用はここから出された部分が大きかったと考える。幕府政所執事の地位にある伊勢氏が、一番の「番衆」のほかに「申次衆」や「詰衆」にも一族を配置していることからも、酒屋・土倉役が幕府政所の日常業務や年中行事に支出されたことが推測されよう。

酒屋・土倉役はその後幕府が徴収権を持つ関銭や商業課税（魚棚公事など）を含んで「公事銭」と総称されるようになる。

年間六〇〇〇貫文という金額は、先述の「外宮役夫工米」合計一万二三四〇貫四四〇文の約半分の額にも上ることが分かる。大きな財源を得た幕府は、明徳四年（一三九三）に出したこの法令を、応永十五年（一四〇八）、永享四年（一四三二）、長禄四年（寛正元年〔一四六〇〕）にもすべて管領名で公布しているので、少なくとも応仁・文明の乱まで六〇〇〇貫の徴収は継続されたことが推測される。

さらに付け加えれば、この公事銭の使途がわかる史料がある。筆者の『室町将軍の御台所』に表示した史料で、出典は「酒屋公事銭算用状」（『蜷川家文書之二』二九号）である。この史料によれば、嘉吉元年（一四四一）十一月時点での酒屋は三二七軒、新加の酒屋は二五軒であり、酒屋一軒から公事銭は二貫八〇〇文、新加の酒屋からはその半分が徴収され、合計八八〇貫六〇〇文が幕府に納入された。

嘉吉元年と言えば、六月に義教が横死する嘉吉の変が起こり、八月には畿内に土一揆が蜂起し、徳政を要求する声が大きくなったため、幕府はそれに抗しきれず、九月に「天下一同」の徳政令を出したという、農民闘争史上、画期的な年でもあった。そうした社会不安が高まった年の年末に、八八〇貫六〇〇文もの公事銭が徴収できたのである。将軍不在の期間にもかかわらず幕府の財政が揺るぎなかったのは、奉行人の日常業務や裁判が平常時と変わりなく行われ、番衆組織も健全に機能していたからであろう。

嘉吉元年12月～２年２月，公事銭の使途

費　用	項　　目
嘉吉元年12月分	
23貫823文	12月朔日御祝・御炭代
39貫940文	御油代
2貫400文	御果物代
19貫180文	年始歳末御祝色々
35貫600文	御女房達御行器物
10貫	今姫君様御方御人数御行器物
100貫	大御所様（義教後室三条尹子）参御月宛
以上230貫943文	
嘉吉２年正月分	
18貫117文	朔日御祝・御炭代
39貫940文	御油代
35貫600文	御女房達御行器物
10貫	政所内談始御要脚
100貫	大御所様参御月宛
以上203貫657文	
嘉吉２年２月分	
27貫417文	朔日御祝・御炭代
38貫450文	御油代
36貫600文	御女房達御行器物
100貫	大御所様参御月宛
以上202貫467文	
都合637貫 73文	
残　243貫523文	
40貫	安倍季長・季久御訪下行
40貫	山井安芸守影久御訪下行
100貫	吉田社神殿御修理・神服以下要脚下行
定残63貫523文	

またこの「公事銭算用状」から引き出せる事実は、足利義教後室三条尹子に対して、十二月、二年正月、二月の三カ月にわたって、一〇〇貫文ずつ支出されており、姫君や女房、また奉行人たちによる「政所内談始」の費用や、歳末、正月の祝い物や炭代などの雑費としても支出されていることである。酒屋公事銭は、政所の諸費用だけでなく、将軍家妻室や子女、女房衆の費用としても使われていたことが判明する。

義持・義教期の幕府体制は、このようにしっかりした経済的背景をもって整備され、確立していた。その一方地方では、守護領国制の確立と、守護権の弱い地域では国人領主制の確立が促進されていたのである。

第二章　富子、義政に嫁ぐ

1　管領政治の進展と義政の嗣立

治罰の綸旨を要請

嘉吉元年（一四四一）六月、将軍足利義教が赤松満祐によって討たれるという前代未聞の事件が起こり、義教の恐怖政治は突然終止符が打たれることとなった。この時、幕府に参集する武家たちは、七月、細川持常、山名持豊らが、「武家」つまり将軍家の御旗を奉じて播磨に発向し、遅れて後花園天皇は幕府に請われて赤松追討の「治罰の綸旨」を出している。つまり幕府に参集する武士たちは、細川・山名氏をはじめとして、幕府を挙げて赤松氏追討で結束し、将軍家と幕府がこれまで庇護してきた朝廷に対し、綸旨の発給を促したことがわかる。

この年は八月に近江で在地徳政を求める一揆が起こり、九月には京都とその周辺で「代始（将軍の代替り）」を標榜する大土一揆が起こった。幕府はこの民衆の勢いに抗しきれず、九月、山城一国平均の徳政制札を公布し、さらに閏九月、年紀二十年未満の永領地（永代売り渡すと証文に記した土地）は本主（元の持ち主）に返付すべきことなどを定めた徳政制符を、管領細川持之が政所の壁に貼り出させ、さらに右の徳政令を改めた永領地等は対象外とする徳政令を発布している。

将軍の弑逆と、そのことを契機に徳政令を求めて土一揆が爆発的に拡大したという緊急事態を、管領を頂点とする幕府は何とか鎮めようと努力している様子が見えてくる。

管領政治の時代

義教の子義勝が将軍に任じられるのは翌年十一月であり、それ以前の六月に、管領は畠山持国（もちくに）に交替している。細川持之は四十三歳の若さで八月に亡くなった。こうして年少の将軍義勝、次いで義政を擁した管領政治の時代が応仁の乱が起こるまで続くのである。嘉吉二年以後の管領を次に挙げておく。

嘉吉二年（一四四二）～四五　畠山持国
文安二年（一四四五）～四九　細川勝元
宝徳元年（一四四九）～五二　畠山持国
享徳元年（一四五二）～六四　細川勝元
　この間一四五五年に持国死去。
寛正五年（一四六四）～六七　畠山政長

右に示した管領政治の時代のなかで、義勝の将軍職就任は嘉吉二年十一月から三年の七月までというわずか八カ月であり、亡くなったのは十歳の年であった。また義政は義勝没後、将軍職に就くがわずか八歳であり、征夷大将軍に任じられた宝徳元年（一四四九）ようやく十四歳になった少年将軍であった。

重子の訓戒と今参局の口入

将軍職について二年目の宝徳三年（一四五一）、尾張国の守護代補任問題が発生する。管領畠山持国が二度目の管領職に就いていた時期のことである。十六歳の将軍義政は十月、先年突鼻されていた織田郷広を召し出し、守護斯波氏の当主千代徳の被官織田敏広を退けた。その理由は、義政の乳母で側室でもあった「今参局」（大館満冬の娘）が織田郷広を推挙したからである。義政は今参局に請われるままに、郷広を復帰させたのであろう。ところがこの人事に異議を唱えたのは義政生母日野重子（日野重光の娘で姉観智院と共に義教の側室であった人）である。重子は「守護代の人事は守護に任せるべきであり、この事件で若い千代徳が面目を失うのは良くない、斯波氏は将軍家にとって大切な一族であり、千代徳の憤りをないがしろにできない」と、将軍家の一員また義政生母として正論を述べたのであった。事実斯波氏は足利氏の一族で、室町前期に越前・尾張・遠江など八カ国の守護に補任され、管領に就任すべき三管領家の筆頭という高い家柄の武家であった。また守護代以下の領国の代官は、守護が任命権を持つのが室町期の社会通念でもあった。この慣習法から見ても、義政の行為は将軍家の越権行為であり、社会通念に反する無謀な行為であったことがわかる。

重子は今参局の意見を用い、将軍義政が道理に合わず権限もない守護代人事を強行したのを見て、「こんな状態では、天下の重事に及ぶに違いない」と考え、にわかに嵯峨へと居を変える。嵯峨に隠居することを世間に知らしめたのである。

この嵯峨出向を知った義政は、烏丸資任（義政の乳父、義政に近侍）・日野勝光（富子の兄）などを使者として子細を尋ねると、重子は腰痛治療のため嵯峨五大尊堂に参籠したと答えている。これは表面上の理由であり、実際には「公方（義政）御成敗の事は、近日上﨟御局（今参局）並びに大御乳人、この両人毎時一向申沙汰せらる」（『康富記』）ため、重子から「御口入の儀」があったが、義政が承知せず、管領畠山持国も「御口入無用」との態度をとったので、重子は隠居を決意したのであった。

重子は義政生母として、義政の成敗が将軍としての道理に基づいた成敗ではなく、今参局に請われるままの人事を行ったことに、わが子の執政の危うさを感じ取り、この成敗が後々まで続くことによって、幕府の倒壊にまで至るのではないかと危惧したのであろう。

義政青年期のこの事件は、いわゆる「三ま（魔）」の肖像画が張り出され、「このころの政治はおそらくこの三まから出ている、それは御今、有馬、烏丸である」（『臥雲日件録』）と言われた康正元年（一四五五）の事件に繋がっている。有馬元家は赤松氏の一族で、その妹が義政の側室となった人、烏丸資任は日野家の一族で、義教に仕え、義政時代には側近となった公家である。このように若く政治姿勢も確立していない青年時代の義政には、様々な人が口を差し挟んでいたのであった。そのなかで、義政に対して訓戒する立場にいたのは重子だけであった。そのため先述の嵯峨出向のあと、義政は織田郷広を守護代にすることを止めた。この判断に対し管領以下諸将は賛同し安堵し、幕府と将軍家の分裂は回避されたのである。

応仁の乱の火種

義政の自分の意志での政治関与の史料が残るのは、享徳三年（一四五四）に、義政が赤松則尚（のりなお）の播磨回復と山名宗全（そうぜん）討伐計画を立てたことに対し細川勝元（かつもと）らに反対された事件以後である。この時、勝元らが取りなして宗全は許されている。勝元は宗全と姻戚であったという背景があったにしても、義政の政治には、まだまだ管領などの牽制が有効にはたらく時代であったことが知られる。

またこの年畠山氏の継承問題で家督を相続した弥三郎（政長（まさなが））が勝元を頼るいっぽう、義政にも拝謁したところ、政長と対立する義就（よしなり）は政長派に武力討伐を仕掛け、そのうえ十二月、義政から許されたとして義就が河内から上洛してきたので、政長は逐電してしまった。このように管領勝元と将軍義政の間に、政治姿勢の違いと、齟齬が明確になり始めたのが、義政十九歳の享徳三年であったことが判明する。いわば十三年後の応仁の乱の火種がこのころつまり義政青年期からくすぶっていたことが判明するのである。

義政が富子と婚姻するのは、翌康正元年（一四五五）のことである。この年、管領政治の前半を担った畠山持国が五十八歳で亡くなった。

畠山持国の管領政治

ここまでの管領政治とは、「轟々（ごうごう）の」土一揆が畿内近国で多発したこの時代を、よく持ちこたえた政治であったと考える。義教横死の翌年（一四四二）に管領となった畠山持国は、管領主管の訴訟を受理する体制をまず整え、再開した。この訴訟の管轄は管領であり、一揆や寺院（延暦寺など）の強訴を禁じ、「支証」による出訴を命じたことによって、幕府が出した徳政令に対しても、実力で借書を破棄するのではなく、幕府に訴え出て道理があれば認められる方策をつくり出し、さらには、幕府自体が分一徳政令や徳政禁制という、幕府にも分一銭収入が入るというユニークな徳政令を生み出す立法基準の原点が、この管領主管の訴訟であった。訴訟受理対象は前代以来、武士、寺社、公家であった。しかしそればかりでなく、この時代、幕府は酒屋役などの公事銭を大きな収入源としていたから、高利貸からの収奪と、本年貢以外にも日常的に段銭、関銭などの諸公事銭の収奪に耐えるため、高利貸からの借銭を繰り返していた庶民、下級武士、公家奉公人など下層の人々はなおさら、まず土一揆によって解決を図った。その訴えを訴訟に切り換えさせようとした点が大きな特徴である。事実この時代以後、幕府政所の扱う訴訟は一般庶民（酒屋を含む）からの訴えが急増し、戦国期（天文十九年の史料がある）まで、この情況は継続している（『政所賦銘引付（まんどころくばりめいひきつけ）』『賦引付（くばりひきつけ）』いずれも『室町幕府引付史料集成上・下』所収（近藤出版社、一九八〇年・八六年））。

　管領政治時代に、幕府は内裏や大寺社の修造のために段銭・段米を全国に課したので、段銭徴収の任にあたった諸国の守護は、国元で、前代（義持・義教時代）同様、守護領国制の確立に邁進した。守護権の弱い地域では国人領主制が進展し、惣領家の権限が伸張した場合と、国人一揆契状によって庶子各家や近隣の国人領主の連携が進んだ場合との二つの形、あるいは二つの形の結合形態が見られた。また守護家内部での惣領の座をめぐる継承争いが激しくなり始めるのも、管領政治期である。

いっぽう幕府財政の基幹部分は、前代同様、酒屋・土倉役に大きく依存していた。反面土一揆の激しい攻撃にさらされた酒屋・土倉に対して、幕府は先述のように、分一徳政令や徳政禁制を出して、幕府への出銭を要求する代わりに、酒屋・土倉をも保護する制度を確立したので、前代同様酒屋役は幕府財政を支え続けたのである。

関所の設置維持管理はその地の領主が管轄することに変わりはなかったが、宝徳元年（一四四九）河上諸関を幕府が停廃した事件が注目される。前代まで幕府は関所について関所の設置権・関銭徴収権は本所に任せており、大寺社などが修造のため材木を運ぶ場合などに、特例として関銭を免除していた。ところがこの時、幕府は淀川の上流から河口までの諸関を一時停止させることを命じたのである。このことは反面、関所設置権が幕府にあることをも示している。応仁・文明期に、幕府設置の関所が出現する端緒が管領政治期にあったことがわかる。

2　足利義政青年期の幕府政治

富子、御台所となる

康正元年（一四五五）、足利義政は御台所として日野富子を娶った。この年義政は二十歳、富子は十六歳である。富子は永享十二年（一四四〇）、日野政光（まさみつ）の娘、勝光の妹として生まれた。母は北小路苗子（みつこ）である。このとき夫となった義政には、すでに側室が何人もいたようで、宝徳二年（一四五〇）側室一色氏のお産のために二階堂忠行邸が御産所に選定されたり、享徳二年（一四五三）と三年にいずれも女子が誕生していた。婚姻後にも長禄二年（一四五八）二月に女子が生まれている（『斎藤基恒日記』など）。こうした状況を考えると、富子の輿入れは、富子自身も喜んで輿入れに臨むわけにはいかず、晴れ晴れとした祝福の声のなかで行われたものではなかったであろう。

義政の正室が日野家から迎えられた理由の一つに、義教の正室であった三条尹子が、宝徳元年（一四四九）八月に亡くなっていたことが挙げられよう。「大御所様」として幕府から月々一〇〇貫文もの手当をもらっていた尹子の死により、義教側室ではあったが、この年四月に将軍となった義政の生母である重子（「大方殿」）が尊重されるのは道理であろう。よって三条尹子が幕府から得ていた月一〇〇貫文の「月宛」は、尹子の死の時点から、重子のものとなったであろう。六年後に義政が富子を正室として以後は、この手当は「御台」富子に引き継がれたと推測される。しかし応仁・文明の乱勃発以後は、まともな額が富子に渡ったとはとても考えられない。

富子の最初の出産あるいは死産は長禄三年（一四五九）である。子供は死産あるいは産後すぐに亡くなっている。この子供については男子説と女子説があり、どちらかはわからない。

富子の最初の子供が死去してしまったのは、義政の乳母で側室でもあった「今参局」が調伏したためであるとの讒言（ざんげん）が広まった（『経覚私要抄（きょうがくしようしょう）』）。そのため義政は今参局を近江沖の島に配流せざるを得なくなった。

この長禄三年以後、応仁の乱が始まる文正元年（一四六六）までの六年間に、管領は細川勝元から畠山政長に代わっている。交替は寛正五年（一四六四）のことである。

関銭・段銭の賦課

まず管領細川勝元期には、幕府は長禄三年八月、旧関を廃止し、京都七口（ななくち）に新関を設け、関銭を大神宮造営費に充てるという施策を展開する。このような伊勢神宮造営など天皇家の祖先神が祀られた神社の造営は、幕府が肩代わりして、段銭を全国から徴収して実行する方針は、義教時代から幕府に受け継がれていたから、幕府が継承したことに不思議はない。しかし伊勢神宮造営段銭徴収のためという名目で、それまでの様々な関を廃止し、京の七口に新しい関所を幕府が設置するとした点は見逃せない。伊勢神宮造営料足を獲得するために、それまでの関所の本所である関所の領主の権限を、一時的ではあるが停止できた点が重要である。以前は軍勢を移動させる時など、臨時に行使できた関所停止・設置権を、軍勢移動時ではないのに、拡大して行使できる端緒をつくったことになる。

翌寛正元年、幕府は東海道の諸関を撤廃し、寛正三年（一四六二）に幕府は内宮造営料所である伊勢山田関を停廃している。関所の設置、廃止権はこうして幕府の手に握られることとなったのである。

段銭に関しても、幕府は、寛正五年三月、譲位段銭を諸国に賦課した。

幕府財政の安定期には、関所設置権・廃止権や段銭賦課権の行使に疑問が挟まれることはなかったが、次に遭遇する応仁・文明の乱への傾斜が進む時代には、この権限は幕府施策のなかで重要な意味を持つようになる。

寛正の大飢饉

この時代、長禄三年以後、京都では土一揆が蜂起し、徳政を叫んで幕府に要求することが多くなる。長禄三年、寛正四年、六年に大土一揆が起こった。その背景には長禄・寛正年間の大飢饉があった。日照りが続き、イナゴなどの害虫が大発生し、くわえて暴風雨のために、諸国は大飢饉に見舞われた。寛正二年（一四六一）には「前年来の飢饉」で京都の死者は八万二〇〇〇人に及んだとされる（『碧山日録』）。

幕府はこの事態に対して、土倉の質物の利子や質流れの期限を定めるなど、法の整備に努力する姿勢も見せたが、基本的には一揆張本人を「斬る」など、弾圧を旨とする対処法に終始した。そしてその弾圧に使われたのは京に常駐する幕府の奉公衆であった。

寛正の大飢饉の最中の寛正二年二月、後花園天皇は詩を義政に贈って、日々荒廃の度の増す世の中を愁い、それに反して公武の人々は奢侈を極め、市井の人々や農村部の飢饉に苦しむ人々の苦しみを顧みない義政の政治姿勢を痛烈に批判した（『長禄寛正記（ちょうろくかんしょうき）』）。このころ、将軍義政のみが別世界に生きていたことがよく分かる。

このように飢饉と社会不安が増大した長禄・寛正期の最大の不安材料は、義政と幕府・管領との政治姿勢の違いにあった。長禄三年一月、今参局を配流したあと、十一月に室町新第に移った義政は、畠山邸から義就を退去させ、政長をここに移居させた。義就は領国河内に下向せざるを得なかった。翌年一月、義政は管領勝元邸で、義就追討を議している（『大乗院寺社雑事記（だいじょういんじしゃぞうじき）』）。同年九月、義政は斯波義敏（よしとし）の子松王丸を廃し、渋川義鏡（しぶかわよしかね）の子義廉（よしかど）を家督とした。以後政長と義就の河内金胎寺（こんたいじ）城・嶽山（だけやま）城、そして粉河寺などで武力衝突が始まり、寛正四年（一四六三）幕府は義就を赦免し、政長を京へ呼び戻す。そのため政長は晴れて寛正五年管領に補任されるのである。代わって細川勝元は伊与国で河野通春と戦うことになる。

このように義政は守護家の家督相続に積極的に干渉した。このことこそ、数年後に応仁の乱を引き起こす最大の原因となったと考える。

糺河原の勧進猿楽

義政・富子夫妻は、寛正五年四月に、糺河原で行われた勧進猿楽を観賞した。その時、義政と富子の桟敷が、神の桟敷の両側に別々に設けられていたことから、将軍義政と御台富子が対等な関係にあったことを筆者は『室町将軍の御台所』で論じた。さらにこの猿楽観賞に桟敷を構えた武将たちを検討すると、管領細川勝元、畠山政長、義就、細川一族、山名一族のほか、京極、土岐の守護大名以外に、「伊勢守」伊勢貞親や三番番衆中で申次を務める「畠山播磨守」入道融性がいることが分かる（『大乗院寺社雑事記』）。このように守護大名家だけでなく、守護一族の中から選定した番衆たちや幕府に直属している奉行人たちを、将軍家は応仁の乱勃発まで、なんとか統括し続けていたことが、将軍家と幕府が存続しうる基盤となっていたことが見えてくる。

二人の後継者と義政

その年の十一月、義政の弟義尋は今出川第に入り、還俗して義視と改名し、義政は准三后となった。富子が義尚を産むのは翌寛正六年の十一月である。こうして応仁・文明の乱のもう一つの原因とされる義政後継者二人が揃うことになる。

右に検討したように義政青年期のうち細川勝元管領期には、管領と政所奉行人、番衆が幕府を支え

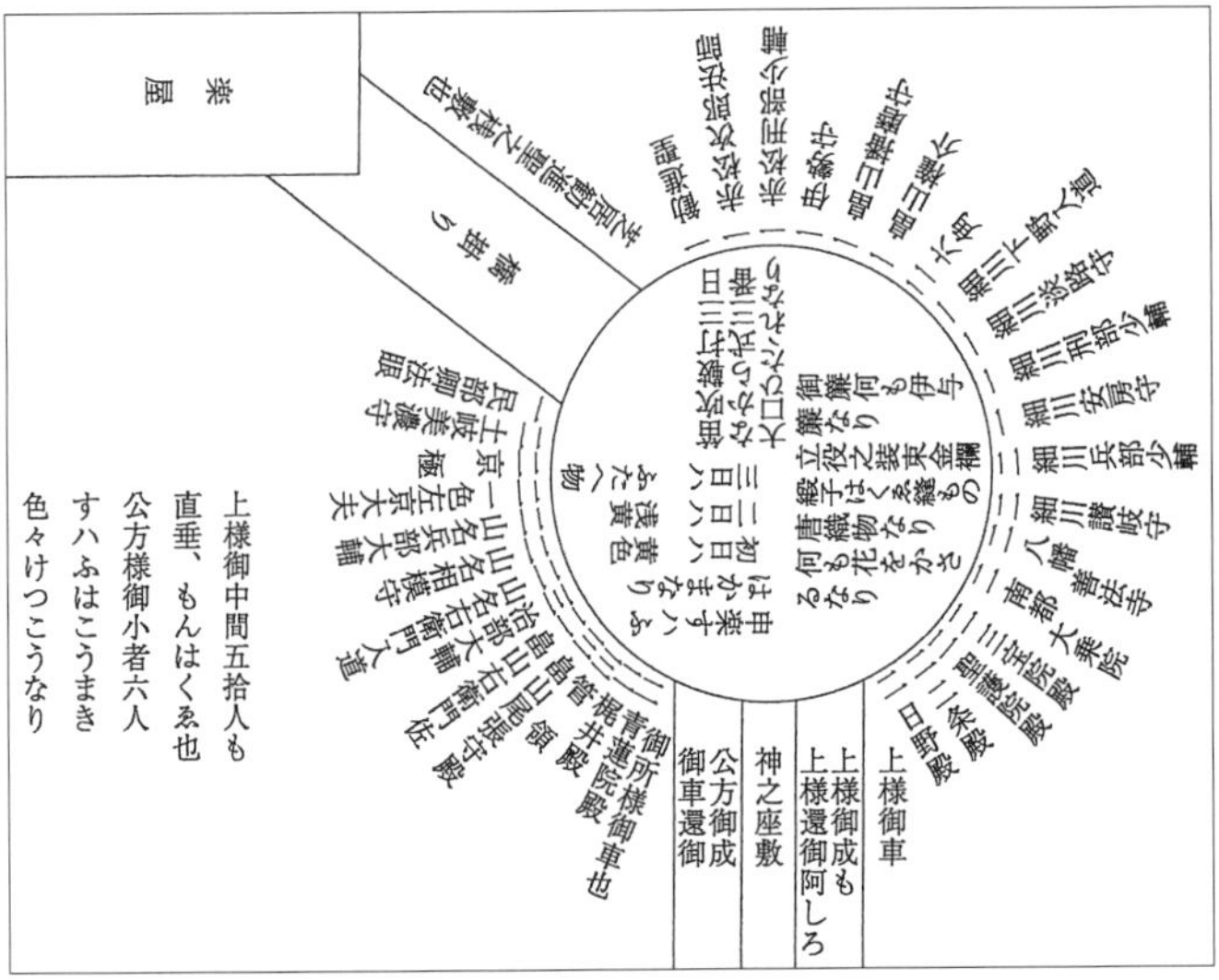

紀河原勧進猿楽の舞台
（群書類従第19輯所収『異本紀河原勧進猿楽記』より作成）

鴨川紀河原（京都市左京区下鴨）

る努力を重ねていたので、天災と飢饉により、諸国で土一揆が多発し、土民の暮らしはどん底にまで落ちていたが、なんとか幕府の威信は保たれていた。しかし義政の優柔不断な態度と朝令暮改の施策によって、幕府の存立基盤である奉行人体制と奉公衆組織が、守護家の継承争いの影響で、崩壊寸前の危機に瀕し始める。これは次に述べる段銭徴収権の崩壊に最もよくあらわれている。

大嘗会段銭の中絶

寛正五年七月に後花園天皇は後土御門（ごつちみかど）天皇に譲位したので、翌文正元年（一四六六）幕府は前例に倣い、大嘗会段銭を諸国に賦課した。大嘗会とは天皇即位後最初の新嘗祭をこう呼ぶ。管領は二年前から畠山政長に替わっていた。しかしこの段銭はこの年以後、まったく徴収できなくなってしまう。段銭が納入されないので、大嘗会は中絶する。復活するのは近世の貞享四年（一六八七）であるから、二二〇年間も中絶していたことになる。

応仁の乱の原因出揃う

文正元年二月、上杉氏と足利成氏（しげうじ）の対戦が始まり、幕府は越後守護上杉氏の子を関東管領とするよう命じた。義政は女猿楽を観賞したり、富子と共に伊勢参宮を行うほか、斯波家の相続に介入し、斯波義敏を家督にし、幕府（管領）は義敏を越前など三カ国の守護に再任したので、勝元・宗全らは反対に斯波義廉を援助した。ここでは義政と管領（畠山政長）の意見が久しぶりに一致したことになる。これを契機に、「義政・畠山政長」対「細川勝元・山名宗全」との対立が鮮明化する。また義視は、義政が伊勢貞親の讒言を容れて自分を殺害しようとしていると聞き、細川勝元邸に逃げ込んだ。そのため伊勢貞親と斯波義敏は逐電してしまう。こうして、応仁の乱の前年には、将軍家、管領から、守護大名家、奉行人層にまで争いの種は大きく広がっていたのである。

3　応仁・文明の乱中の将軍家

応仁元年、乱の勃発

応仁元年には正月早々、義政の恣意が政治を混乱させる事態が発生する。義政は畠山義就の出仕を許し、管領畠山政長を罷免し、館の明け渡しを命じたのである。政長は館を自焼し、政長と義就との上御霊社の戦いが起こり、義就が勝利した。こうして応仁の乱の幕が切って落とされた。替わって管領に任じられたのは斯波義廉である。一月八日のことである。義廉が管領の職にあったのは、約一年半にすぎず、翌二年七月十日、細川勝元が三度目の管領に就任した。勝元は文明五年（一四七三）までの四年間管領を務め、五月十一日、四十四歳で没している。

前年まで約二年半ほど管領まで務めた畠山政長が、罷免された途端に、京中で武力行使に走った責任は大きい。だが政長にこのような行動に走らせた原因をつくったのは、応仁の乱以前からの義政の優柔不断な態度にあったことは、これまでの記述から明らかである。

京都とその近郊農村の疲弊

ここで京都とその近郊村落の、乱発生以後五年間の戦闘や被害の状況、またこの合戦の勃発によって社会にどのような変化が生じたのかを見ておきたい。

応仁元年一月の政長と義就の合戦の後、五月には細川勝元・畠山政長らの東軍と、山名宗全・畠山義就・斯波義廉らの西軍との合戦が「上辺」で始まり、百万遍・革堂など、船岡山から二条までが焼亡している。公家邸や大寺社が被害を受けたのは、実相院がその一例であるが、寺が東軍の陣所とされたように、武士が既存の大建造物に陣を張ったためである。これらの合戦で京中の商売が停止してしまい、京は食糧難になった。七・八月には山科・近衛・鷹司などの京中の公家邸が罹災し、九・十・十一月には「二条より上」の公家・武家邸、相国寺などの寺や民家が焼亡するという「京都大焼亡」となっている。この年後半の戦火により、百余町が火事で無くなり、三万余宇（軒）の人家が灰燼に帰した。

上御霊神社（京都市上京区御霊前通烏丸東入）

御料所の新設

戦火による京都の被害は、人・家屋・生業に及んだので、幕府財政を担ってきた酒屋・土倉からの役銭は途絶え、幕府は新たに御料所に設置した京都以外の畿内の所々からの年貢銭に頼らざるを得なかった。たとえば近江国朽木郷は国人領主で番衆もつとめる朽木氏の本領であるが、応仁元年に御料所とされている。しかし同年十二月二十七日、幕府はこの地を領主である佐々木（朽木）貞高に返付している。合戦の広がりのため、番衆層の経済的負担が増したためであろう。朽木郷からは、翌年正月六日、「去年年貢皆済」分として一〇〇貫文が幕府に納入されている。また朽木氏の所領で近江にある安主名（称弥陀院が領主で代官が朽木氏）も、一時「御料所」とされていたが、文明元年十一月に朽木氏に返されている（『朽木文書』）。平常時ならば、幕府には御料所から莫大な料足が納入されたことであろう。義教死後に正室三条尹子に毎月一〇〇貫文の手当が渡されていたことを先に述べた。おそらく応仁の乱前ならば、毎月御台所富子にもこのくらいの額の手当が渡されたであろう。しかし乱の勃発はこれを大きく減額させたので、番衆朽木氏の本領を一時的に御料所に設定したのであろう。

応仁・文明の乱中に新たな御料所が設置された事例はほかにもある。応仁二年九月、山科の清閑寺領音羽村、小山村、竹鼻村などは、新たに「御料所」として幕府奉行松田数秀に預けられた。山科七郷全体の領主の地位にあった山科家に対して、幕府は松田氏に合力するよう奉行人奉書で命じている（『山科家礼記』）。これは同年二月からの幕府の誘いに応じて、山科七郷が東軍に参加することを決定し、西軍を粟田口などで阻止する行動を採ったためである。この山科七郷の東軍参加についてはのちに詳しく述べるが、戦乱勃発による幕府収入の激減を補うため、乱中幕府は新たな経済基盤として、短期的な御料所の設置を新たな政策として打ち出していたことがわかる。

半済策の採用

新たな御料所の設定にならんで幕府が応仁元年八月に打ち出した経済政策は、山城国の寺社本所領に命じて年貢の半分を兵糧米として幕府に出させるという半済策である。中には特別に半済を免除された東寺のような寺社もあるが、多くの中小寺社はこの半済を負担しなければならなかった。また幕府は東軍細川勝元の要請を容れて、西岡の寺社本所領の半済分を与えている。地方から京都に滞在勤務させられていた番衆小早川凞平や土倉民部大輔らは西軍と誓願寺の北で戦っている。これに対して西軍山名持豊などは室町第や細川勝元邸を囲み、畠山義就は禁裏の中に入ってここに陣を置いたのであった。これは、幕府が東軍のみに半済を給与したことに対する報復であったと思われる。

天皇家の受難

天皇家は義満が南北朝を合一させ、北朝のみに正統性を与えて経済的援助を厚くし、その方針を義持以後の将軍が継承したことによって、臣下ではあるが足利将軍家に全面的に頼る姿勢が常態となっていた。そのため応仁元年、乱が勃発すると、一月十八日、天皇と上皇は一時的ではあったが室町第に避難し、それが収まらない状況を見て、八月には天皇・上皇共に戦乱と火災を避けて室町第に恒久的に避難することとなった。この時、天皇は寝殿へ、上皇は泉殿へと避難したので、室町第は「室町行在（あんざい）」（仮御所）と呼ばれた。その直後の九月には内裏・仙洞共に焼失してしまったので、上皇は出家せざるを得なかった。十月には将軍家と天皇家が同居する室町第が半焼している。

足利将軍室町第跡
（京都市上京区室町通今出川上ル）

翌応仁二年以後は、半焼状態の室町第で将軍家と同居したため、「朝儀」は行えなくなる。さらに室町第も文明八年に焼失したので、富子の世話で天皇は富子の母苗子（みつこ）の北小路邸（北小路行在）に移り、長らく不自由な状態に耐えざるを得ず、幕府の課した内裏修造段銭によって、再建になった土御門内裏に還幸することができたのは、文明

天皇家と将軍家の居所（応仁元年～文明十一年）

	内裏	室町第	その他
応仁元年（一四六七）	1・18天皇・上皇→ 1・20← 8・23天皇・上皇→ 9・13内裏・仙洞焼失 上皇出家	（乱開始のため） 2・10御台富子→ 3・4← （戦乱・火災を避けて）天皇は寝殿へ、上皇は泉殿へ 「室町行在」と呼ばれる 10・3室町第半焼	細川教春邸（長女出産のため）
応仁二年		1・1天皇・法皇室町第に御座ゆえ、朝儀行えず （去年9月から、禁裏には土岐氏が、仙洞には畠山義就が陣を取る） 3・21御台富子→← 11月二将軍併立の事態（義政と義視） 12月義視、治罰される	細川教春邸（次男出産のため）
文明五年（一四七三）		12・19義尚元服し、将軍宣下を受ける	
文明六年		3・3義政→ 9月義政は大酒、公事は富子が行う	小河新第に移る

文明七年		3月富子、懺法講を室町第に修す	
文明八年		1・1天皇、室町第で四方拝・平座（室町第に富子・義尚は同居） 3・8富子、禁裏番衆に一万疋を贈る 11・13室町第焼失。天皇→	→北小路行在へ（もと富子・勝光らの母苗子の邸宅で、富子の所有する屋敷）
文明九年		閏正月幕府、石見国に室町第修理段銭を課す 7月宗祇が室町第へ（禁裏歌合のため） 12月「公武上下昼夜大酒……御台一天御計之間、料足共不知其数御所持……公方御下知国々ハ……一切不応御下知……仍日本国ハ悉以不応御下知也」（『大乗院寺社雑事記』）	
文明十年		1・11幕府、内裏修復のため、京都七口に新関を設ける（義政は小河第、富子・義尚は室町第。儀式・行事の時に三人共に参内している） 12・12幕府、室町第造営のため、京中に棟別銭、諸国に段銭を賦課する	1月四方拝をやめ、節会平座を北小路行在で行う（文明8年11月の火災以後、天皇はここに行在）
文明十一年	12・7天皇、土御門内裏へ還幸	3・11幕府、内裏修造棟別銭を洛中洛外に課し、越前に段銭を課す	7・2北小路行在焼亡。天皇↓聖寿寺へ↓日野政資邸へ（内裏修理を急がせるための焼亡との噂が流れる）

十一年（一四七九）である。

天皇家の室町第移居によって、最も大きな被害を被ったのは、将軍家であった。義政はじめ富子、義尚は、天皇家の御所の移動のたびに居所を替え、なかでも富子は天皇家の生活を第一に考えて、北小路邸や実家日野政資邸を提供していた。文明十一年に内裏が再建されるまでの天皇家と将軍家の居所は前掲の表のようになっている。

混迷を深めさせた義政の施策

では応仁元年から文明十一年までの幕府政治の実態はどうなっていたのであろうか。詳しく見てみよう。

応仁元年一月に畠山政長と義就の間の合戦が始まったのは、将軍義政がそれまで二年三カ月の間管領を務めた政長を罷免し、義就の出仕を許したからである。その理由は判明しない。管領には斯波義廉が任じられた。将軍家の一貫しない態度に辟易していた守護大名たちは、五月、越前・尾張・遠江・伊勢などで合戦を始め、また東軍（細川勝元・畠山政長ら）と西軍（山名宗全・畠山義就・斯波義廉ら）に分かれ、五月二十六日、京都市中で連日戦いを展開したので、寺社や公家邸など多くの邸宅が罹災した。

この直後にまた義政の失策が表面化する。義政は伊勢貞親を伊勢から呼び戻し、日野勝光が涙を流して諫止したにもかかわらず、牙旗（がき）（旗の竿頭を象牙で飾った将軍の大旗）を勝元の方にのみ下賜したのである。これを知った西軍山名持豊（宗全）は分国の兵を大勢京に集結させたのであった。これに追い打ちをかけるように、義政は義視に命じて宗全を討たせたので、斯波義廉・六角高頼（ろっかくたかより）・土岐成頼（しげより）らは降参する。守護大名間の合戦を止めさせてこそ将軍の威信は保たれたであろうに、義政は一方に荷担して、乱をより複雑にし、長期化させてしまったのであった。

守護大名だけが乱の始まりの時期に戦乱を拡大させたわけではなく、幕府自身、山城西岡地域の地頭御家人たちを六月、東軍として動員し、西軍の通路を防がせ、紀伊・河内から上洛した西軍と物集(もず)女縄手(めなわて)で戦わせた。このため荒廃している京中の寺社や公家邸また民家は、より荒廃の度を深めたのであった。

西軍の大内政弘(まさひろ)は堺から兵庫、摂津を経て八月に入京後、東寺に陣を取り、さらに船岡山に陣を移した。義視はこれを見て伊勢国司北畠氏を頼り伊勢に逃げた。その直後、幕府は戦費を捻出するためであろう、山城の寺社本所領から年貢の半分を幕府に出させる「半済」令を発し、東軍細川勝元の請いにより、西岡の寺社本所領半済分を給与した（『東寺百合文書(とうじひゃくごうもんじょ)』）。

九月に入ると、西軍の義就や大内政弘などが東軍を攻め、東軍の籠った醍醐寺三宝院が炎上し、山名宗全らが室町第や勝元邸を攻め、義就が禁中に入ってここを本陣としたので、伏見殿をはじめ公家邸など多くの邸宅がまたもや兵火で焼失した。将軍近習たちは義政に従い、義就と闘った。室町第が半焼したのはそのためである。

十月後半になると西軍は東大寺や興福寺を誘い、西岡の郷民たちが東寺領上野(かみの)・拝師(はやし)・東西九条・植松荘への半済停止と久世上下荘への違乱停止を強く求めたので、幕府は二十六日半済と違乱を停止させる命令を出さざるを得なかった。しかし十二月西岡はまたもや兵火に罹っている。

十二月、建仁寺、八坂の塔、祇園社大門が焼けている。また戦乱は安芸国に拡大している。

御台富子は二月十日、出産のため細川教春邸へ移っていった。ここを「御産所」と決めていたためである。そこで長女を産んだ富子は、三月四日には室町第に帰っている。富子は翌年（応仁二年）三月にも次男出産のため細川教春邸に行き、無事次男「義覚」を産んでいる。よって通説で富子の言動が応仁の乱の原因の一つだとする考えは、乱前からの状況を考慮しても、乱勃発時の富子の状態を考えても、とても同意できない説であることが分かる。富子が山名宗全を支持していたのなら、宗全方の御産所を選ぶだろうからである。富子は、夫義政の方針に同調していたにすぎない。

応仁二年の将軍家

応仁二年、義政は義視を伊勢から呼び戻す勅書をもらい、幕府は山城・近江・伊勢の寺社本所領の半済分を義視の料所とするという決定を出したので、義視は九月に上京し、東軍に加わった。この年管領は細川勝元に交替していた。ところが義視は十一月、驚きの行動をみせる。義視は義政と不和になり、いったん比叡山に逃げたあと、西軍の陣に入ったのである。その理由として考えられるのは、閏十月に西軍は、東軍の命令に従えば分国の寺社本所料を没収すると寺社公家を脅し、西軍への協力を求めたからであろう。室町第で将軍家と同居していた天皇は義視治罰の院宣を発給せざるを得なかった（『公卿補任』）。義政としては義視を後継者と決めたからには、その方針を継承するべく、義視を入洛させる努力を重ねたのであろう。しかし義視は義政の意に反して西軍の陣に入ったのであった。幕府は十二月、義視の知行所である近江草野や坂本などの半済を停止し、青蓮院に返付している。

京中での合戦は、前年に上京が灰燼に帰し、西岡も甚大な被害を受けたので、おのずと下京や稲荷に移り、東軍の傭兵（足軽）骨皮道賢と西軍は稲荷山や七条で戦い、道賢など数十人が亡くなっている。

山科七郷の経験した応仁・文明の乱

ここで、応仁・文明の乱を体験した京郊村落の住民たちに注目してみよう。

応仁二年の特記すべき事象は、京郊山科で広域の郷村結合「山科七郷惣郷」が結成されたことである。山科では、小山にある高（香）水寺をめぐり、西軍一色氏の「内者」（直属家臣）と「小山地下人数十人」が対峙し、地下人は「将軍家の命令があっても」「七郷の寄合での承認がなければ」寺と寺領は渡せないとつっぱねたのであった。つまり応仁二年二月には、野村、西山、大塚、北花山、上花山、下花山、御陵、厨子奥、安祥寺、上野、四宮河原、音羽、小山、竹鼻、大宅、南木辻（椥辻）の十六村が、近隣同士寄り集まって一郷を形成する「山科七郷惣郷」が成立していたことが分かる（史料は後に掲載）。

そしてまた「山科七郷惣郷」のような、惣村の上部結合である大きな惣郷が、応仁の乱中に結成されていたことの意義は大きい。広域の惣村連合は京郊では伏見九郷、賀茂六郷、西岡十一カ郷で見られるほか、山城以外では、備中国新見荘や播磨国矢野荘などで、土民たちが土一揆を「引きならし」た時などに、その基盤として室町戦国期に結成されている。この山科の惣郷結合成立のきっかけは、郷内の寺（高水寺）とその所領の引き渡しを、郷民たちが拒否したことにあった。そして拒否の根拠として、将軍家の命令に対しても、それより七郷の寄合での合意の方が重視されるべきで、重要であると言い切っている点に特徴がある。義政と義視という現将軍とその後継者の対立まで郷民は知っていたかどうかは疑問であるが、郷民が何を最も大切にすべき道理として生きていたかが、この史料から見えてくる。

山科七郷では惣郷結合を、この後近世に至っても守り続け、毎年正月、五月、九月の三回、山科郷士宅の持ち回りで、応永三年（一三九六）に後小松天皇から寄進されたと伝わる大般若経六〇〇巻を、「往古から」（室町初期以来）転読するという行事を続けていた。郷士は中世惣村の乙名（おとな）と呼ばれた有力農民層の、近世における呼び名である。

山科七郷惣郷の東軍参戦と受難

山科七郷惣郷が姿を見せた応仁二年二月の終わりに、幕府は二通の奉行人奉書を山科七郷に送り付けた。一通目は「山科家雑掌（家司（けいし））」宛で、「東山通路の事、一揆して（東軍を）警護したのは感心である、郷々村々の族は申し合わせ、粟田口辺に要害を構え、結番を定め、敵（西軍）が攻めてきたら支え、別して忠節に抽（ぬきん）ずれば恩賞を与えると、山科郷に触れるよう、将軍家が仰せ下された」と書かれていた。二通目は「山科七郷住民中」宛で、「東山通路の事、一揆して警護したのは感心なことである、郷々村々の族は申し合わせ、粟田口辺に要害を構え、結番を定め、敵が至れば支え、忠節に抽ずれば、その浅深に随い恩賞を与える」であった。幕府は応仁の乱の最中に、山科七郷の住民（「族（やから）」と呼んでいる）たちを合戦に動員しようと、恩賞をちらつかせながら、要害を構えること、そこに詰めて、代わる代わる東軍の警護をし、西軍を食い止めることを命じたのである。なぜ領主山科家に文書を出さなかったかというと、山科時国など山科家の人々は、京中に屋敷を持っていたが、戦乱と火災を避けて坂本に避難していたので、留守を預かる家司（家礼）大沢重胤宛の文書が出されたのであった。

三月の東軍の足軽（傭兵）骨皮道賢の稲荷山や七条での活躍より早く、二月には幕府は京郊の村落住民を、郷村結合が結ばれているところはそれをうまく利用して、根こそぎ、合戦に動員しようと考えていたことが分かる。

山科七郷はすぐには態度を決めかねていたようである。しかし三月二日、東荘（大宅郷）の弥九郎右衛門の馬が、五条辺で西軍に奪い取られるという事件が起き、三日後に犯人は畠山義就の「内者」（家臣）甲斐荘の被官「はしわ」であることが判明したため、代金五〇〇文を出して馬を取り返している。この事件をきっかけに、山科七郷は東軍参加を決定した。

以後山科七郷は寄合を繰り返し、幕府からの奉書にもできる範囲の協力で応えていたが、六月十三日、西軍畠山義就が「山科沙汰人中」に文書を下し、「山城守護として代官を入部させ、当年年貢の半分を（強制的に）借り上げる、異議に及ぶ在所は発向（武力で討伐）する」と言ってきた。この文書は幕府から出されたものではなく、署名していたのは木沢・斎藤・遊佐・誉田など義就家の年寄衆の奉書であったので、家司大沢氏は、急ぎこの奉書を東軍山城守護山名是豊や公家広橋氏、幕府奉行に見せている。西軍からの圧力が強まったこの時、七郷を代表して大沢氏が書き上げ、広橋氏や幕府奉行飯尾氏らに提出したのが次に掲げる「山科七郷事」である。

山科七郷事

一郷　野村　領主三宝院

一郷　大宅里　山科家知行　南木辻

一郷　西山三宝院　大塚聖護院

一郷　北花山　下花山青蓮院　上花山下司ヒルタ

一郷　御陵陰陽頭在盛　厨子奥華頂護法院

一郷　安祥寺勧修寺門跡　上野上野門跡　四宮河原北山竹内門跡

一郷　音羽　小山　竹鼻清閑寺

已上七郷

合力在所事

勧修寺　三井寺　三宝院　粟田口　小松谷

此外東山邊可然在所可被成御奉書候

（『山科家礼記』）

なおこの記述の直後に注記があり、上の郷名は「本郷」、下は「組郷」であると書かれているので、野村、大宅などが本郷で、下の郷は本郷に協力する村々であったことが分かる。

こうして東軍から軍事行動に参加するよう求められ、西軍からは半済実施の脅しを懸けられた山科七郷は、六月二十日、「野寄合（のよりあい）」（野外での大規模な寄合）を実施する。一郷から一〇人ずつの郷民が各々具足（簡単な甲冑）を着けて参加した。七郷は、畠山義就の山城守護就任を承認せず、「敵」（西軍）に同意する在所があればそこへ押し寄せると、集まった郷民たちは口々に発言したが、西軍に味方するといった村はなかったので解散している。したがって、この武装は、七郷内部の一致結束を狙っての武装であり、合戦参加のためではなかったことが分かる。

七郷郷民の合戦参加は一カ月後の七月二十一日に初めて見られる。郷民たちは、道留めを行い、「糧道を断った」とあるので、西軍の食料を奪ったのであろう。ところがこの東軍としての軍事行動は、西軍から手痛い反撃を招くことになった。八月二日、西軍の足軽が汁谷（しるたに）（渋谷（しぶたに））の民家を焼き、粟田口を攻めたので、三日、山科郷民は三条河原に「打出」し、夕刻まで合戦をして引き上げた。四日には西軍が青蓮院、太子堂など粟田口の近所を焼いたので、山科郷民は粟田口に出兵した。続いて若王子など東山の民家や法勝寺、聖護院などが兵火に罹り、西軍は清閑寺を壊し、清水山に陣を取り、山科を襲う。八月七・八日には山科、勧修寺、醍醐辺また木幡辺が再び西軍に攻められた。この八月の合戦で山科は被害を被ったのだが、大宅郷（東荘）の乙名層は東軍として忠節を尽くす意思を固めている。

東西両軍の合戦は、その後、藤森、深草、泉涌寺（せんにゅうじ）や、嵯峨・仁和寺に移り、嵯峨の寺々はすべて焼けた。九月二十一日、西軍は東軍の押さえていた青蓮院、粟田口を焼き、東軍の補給路を断っている。この西軍の三条街道の奪取は、山科七郷の七月二十一日の軍事行動に対抗したものであることは間違いなかろう。

九月から年末にかけて、鹿ヶ谷、粟田口、西岡、鳥羽、下桂など京やその周辺部で、またもや合戦が続き、閏十月十七日には西軍の足軽二〇〇〇人という大軍が、「山科の付庸（一部分）」花山を攻め、十二月には西山を攻めるが、勝利を収められず退くという合戦もあった。

このように応仁二年、山科七郷は、東軍に参加することを表明したために、京郊の他の村々や寺社と共に繰り返し合戦に動員され、大きな被害を被ったのである。困難な状況のなかで、山科七郷は急に事態が変化すれば、鐘を鳴らし、寄合を開き、郷民たちの力で七郷を守ったと言えよう。

文明初年の乱の状況

文明元年（一四六九）に入ると、京中での合戦はほとんど見られなくなる。主要な建造物はすべて合戦や放火で焼かれ荒廃し尽くしたからであろう。四月の大風で東陣の楼櫓（物見櫓）が壊れている。屋敷を失った公家たちは戦火を避けて近郊の自領荘園に避難していたので、京の状況を詳しく記述できる筆者も激減していた。東西両軍の合戦は四、七、十二月に起こり、西岡の鶏冠井、西芳寺、峰堂、西福寺や東山の清水寺、珍皇寺、建仁寺などが焼けた。

山科、醍醐に関しては、この年醍醐で事件が起こっている。文明元年六月、醍醐寺座主に義政と富子の間に生まれた「義覚」が補されたのがことの発端であった。「義覚」は義政・富子夫妻の次男で、しかもこの前年応仁二年三月に生まれたばかりの赤子であった。公家たちは「童形寺務」がどうして醍醐寺を治めていけるのかと怪しんでいる。案の定、十月、醍醐寺領の郷民が半済を唱えて蜂起するという一揆が起こり、寺の衆徒は郷民と戦ったのであった。

文明二年（一四七〇）には、正月から五月までの間に、山崎、勝龍寺、鶏冠井、鳥羽、淀など、京の西郊、南郊に戦場が移り、また北部では高山寺が焼かれている。

五月半ば、西軍の武将山名政豊、仁保弘有らが東軍に寝返ったため、西軍は大騒ぎとなり、六月には西軍内部が不和に陥ったので、畠山義就の兵は八幡まで退いた。六月には賀茂社、祇園社が焼けた。八月には山科にも西軍が攻め込んだ。九月以降、戦場は南の木津に移ったが、十月には西軍の陣である西陣の三条烏丸辺で火災が起こっている。京都の市中と京郊の、至る所が戦場になっていた。

山科・醍醐の罹災

山科七郷はというと、文明二年六月二十九日、西軍が山科に東軍を攻め、火を村々に放っていた。くわえて西軍の中心にあって大乱の当初から活躍していた大内政弘が東軍を勧修寺に攻めて寺を焼き、また山科・醍醐を攻めた（八月）ので、東軍は敗れて散り散りになり、醍醐寺の堂舎の多くが罹災するという事件が起こっていた。山科・醍醐にとっては大災害を被ったことになる。醍醐寺に富子の次男「義覚」が座主として入っていたことも、西軍にとっては許せないことであったのだろう。奈良の興福寺大乗院の院主尋尊は、六月の西軍との合戦で山科七郷中六郷が焼失したと記している。この時の記述は「西方より山階を責め落とし了んぬ、七郷の内、六郷焼失すと云々」（『大乗院寺社雑事記』）である。つまり山科七郷は西軍の攻撃によって、六月末にはほぼ全域が焼失するという被害を被り、そのうえ七・八月には、勧修寺・山科・醍醐が再度西軍大内氏の攻撃を受け、山科は壊滅的な状況に陥っていたことになる。

文明二年八月、山科時国は広橋綱光に書状を認め、「七郷に敵（西軍）が侵攻したため、『名字地』（山科家という家名の由来となった根本所領である大宅郷やその他の散在田）から全く年貢が上がらなくなってしまった、長坂口関の代官職も応仁二年より西軍の手に渡っている、諸国にある山科家領もすべて守護に押領され、年貢・公事は上ってこない」「きうこん中々はう(法)にすき(過)候」と、貧窮に陥り困っていると述べている（『山科家礼記』）。

室町期山科の住民にとって、応仁・文明の乱中に、郷村結合が画期的に高揚したことは喜ぶべき事態であったが、その反面、東軍として行動したことにより、七郷が壊滅状態に陥ったことは、大きな損失であったと言えよう。応仁・文明の乱については東西両軍の合戦の状況に目を奪われがちであるが、当時の民衆にもたらしたのはこのように大きな災いだけであったことを忘れることはできない。

第三章　義尚を後見する富子

1　足利義尚の元服と将軍宣下

義尚の公家様元服

文明五年十二月十九日、義政に代わって義尚が征夷大将軍に任じられた。同時に義尚は元服して正五位下、左近衛中将に任じられ、禁色昇殿を許されている。

このときの元服につき、『大乗院日記目録』は「公家儀也」と記している。武家の棟梁としての征夷大将軍に任じられたのに、なぜ公家の儀式で任じられたと記されたのかといえば、この年九歳の義尚は、二十日前の十一月三十日、歯涅（しでつ）つまりお歯黒をしていたからである。歯を黒く染めるお歯黒は平安期から女子だけでなく公卿の男子も行い始めた風習で、室町時代には九歳になった女子の成人儀礼として普及していたようである。そのお歯黒を、将軍候補の九歳の義尚が自ら行ったので、「公家様（よう）の元服であった」と世間では見たのであろう。

南北朝期、建武政権下での式目制定時に山科氏が参画し、足利義満将軍期以後、日野家、広橋家、正親町三条家などが将軍家と婚姻関係を結び、さらに多くの公家が廷臣であると同時に幕臣となって将軍家の庇護下に入ったという、それまでの歴史が、義尚の「公家様」元服の背景にあったと考える。

文明五年には政所執事伊勢貞親、山名宗全、細川勝元が正月から五月の間に亡くなった。応仁の乱開始時の主要人物の半分が没したことになる。そのため乱の様相は以後大きく変化する。

文明五・六年にみえる変化の兆し

西軍は八月、足利義視を大内政弘邸に迎え、大内氏は細川政元（勝元嫡子）の分国摂津に進軍したため、畠山義就らは政弘を支援する。応仁二年から五年まで五年間管領を務めた勝元の死により、義尚が将軍職に就いた十二月十九日以後、畠山政長が管領に再任する。

翌文明六年（一四七四）閏五月西軍畠山義就が、九月には同じく大内政弘が、日野勝光を介して幕府に降伏を要請するという変化が見られるようになる。義就に関しては、「二千百貫文」という巨額の礼銭を渡すことによって「日野内府」（勝光）が斡旋するようだという噂が流れていた。このとき東北院僧正も同じく斡旋役を務めているとの「雑説」があったので、尋尊は「以外次第」「希有事也」と呆れ、「一向内府所行也」と、日野勝光のしわざだと決めつけている（『尋尊大僧正記』五月五日条）。東北院僧正とは日野資任の子息任円で、南都東北院に入り僧正に昇り詰めた人である。

このように和平の機運が生じているのが、文明六年の特徴であったと言える。その背後にあった事情は、守護大名たちの分国からの出兵には大きな戦費を要するため、それぞれが長陣の負担に耐えられなくなっていたこと、分国でも、越前のように、守護と重臣や配下の国人との負担増による軋轢で、不穏な空気が満ち、対立が表面化したり、土民蜂起や一向一揆などに悩まされ始めたからである。そのほか、細川政元は細川勝元と山名教清娘の間に生まれた男子であったこと、西軍の中心として乱の勃発時から活躍した大内政弘は、のちに重要な役割を果たす畠山義統(はたけやまよしむね)の婿であったことなど、東西両軍の間では、相互の婚姻関係がすでに形成されていたからである。

しかし文明六年の幕府政治は、義政は「連々御大酒」ばかりに浸っており、「天下公事修」は「女中」（富子）が行っている（『尋尊大僧正記』文明六年閏五月十五日条）と言われたように、義政はひとり三月三日に室町第を離れて小河新第に移り、政治にまったく意欲を見せなかったので、健康な成人である御台所富子が、少年将軍義尚に代わって執政するほかなかったためである。

2　執政する御台所富子

勝光の役割を受け継ぐ富子

文明七年（一四七五）には、守護大名大内氏の分国安芸や京に近い近江や大和で、延暦寺を巻き込んで合戦が行われた。尼子氏は出雲で土一揆と戦っていた。文明八年六月、日野勝光が亡くなった。四十八歳であった。噂が本当であれば勝光が採用した手段は感心できないが、和平のために動く人が一人消えてしまったことになる。このことを感じ取ったのか、九月、小河第の義政は初めて調停に乗り出し、大内政弘に和平を図らせた。しかしこの時点での和平は成就しなかった。十一月、天皇家と将軍家が同居していた室町第が焼失してしまい、朝廷も将軍家も居場所をなくした異常な事態となったのである。そこで天皇家の居所として、富子は自身の母日野苗子の住まいであった北小路邸を、「行在所」として提供したのであった。

文明八年、天皇家が将軍家と同居することになって十年目のこの年の三月八日、乱のために屋敷が罹災して困窮していた禁裏番衆（公家衆）に対して、富子は一万疋（一〇〇貫文）という大金を贈っている（『実隆公記』など）。この大金は天皇の側近で警護にあたる御前衆十五人に各三〇〇疋（三貫文）、家柄の一段低い外様番衆二十四人には各二〇〇疋（二貫文）が配分された。公家甘露寺親長は「不慮の恩波也」と思いがけない富子からの思いやり献金に喜んでいる。富子が日野勝光に代わって少年将軍義尚の後見役を務め、同時に義政を立てつつ執政する時代が到来したのである。

文明九年（一四七七）政情は大きく動く。関東では引き続き足利成氏、長尾景春、上杉顕定らの合戦が続いていたが、畿内では、九月、河内に下向した畠山義就に対して、追討の綸旨と義政の御内書が出された。義就は逆に勢いづいて、十月初め、河内・大和を制圧した。ところが大内政弘、畠山義統など西軍諸将は戦いを止めて分国に下向し、土岐成頼は義視を連れて美濃に下ったので、十一年にわたった応仁・文明の乱は終結したのである。

応仁の乱終結の背景

ではこの背景にどのような事実があったのだろうか。

御台所富子はこの年（文明九年）七月、義政と共に室町第に宗祇を呼んで「禁裏歌合」を行っている。この歌合について「大乱中希有事也」と評したのは尋尊である。尋尊はまたこのころの将軍家について以下のように述べている。

「公武上下昼夜大酒、明日出仕之一衣も酒手下行、奉公方者共ハ当年中無為儀無之者、各可逐電支度、…（中略）…御台一天御計之間、料足共不知其数御所持、陣中大名・小名以利平借用之、只一天下之料足ハ此御方ニ有之様ニ見畢、近日又米倉事被仰付之、可有御商之由御支度、大儀之米共也云々、畠山左衛門佐先日千貫借用申」

（『尋尊大僧正記』文明九年七月二十九日条）

征夷大将軍職は年若い義尚に譲っていたとはいえ、実質的にはこのころ政治を掌握すべきは義政だったはずである。ところが尋尊は、「御台」富子が天下の政治をとり計らっていたことを明確に見抜いていた。そればかりでなく、いやそのためというべきであろう、多くの料足を所持していたというのである。これは以前から、武士階級において官位昇進時や守護職任命時また所領安堵の場合などに、多額の礼銭やお礼の物品を将軍家に進上する習わしが、室町期には存在したからである。しかし官位昇進などの御恩に対し、口を添えてもらった上司などに礼物を進上する習わしは古代から存在していた。この行為は代々の室町将軍が行うこととしては、尋尊も認めていたが、「御台」である将軍正室がこのようなことを行っていたことに、非難を浴びせたものと考える。

そのうえで、富子が持てる料足を、大名・小名に貸していたと非難し、米倉を建て、米商売を行おうとしていたのではないかとしているが、この二点については「見畢」・「云々」と記し、「思える」・

「との噂である」と、推測と噂であったと、断定はしていないことにも注意する必要がある。男性将軍が大きな財を礼銭などとして受け取るのは、室町時代には前例が数多くあることで、仕方のないことこの時代の人々には諦めがつく事態ではあったが、将軍の正室が将軍と同じことを行い、ましてや自身の蓄財を貸付に使用したり、米商売に利用しようとしているのではないかとの疑惑があることに、許せないものを感じたのであろう。

富子への疑惑を検証する

では富子は本当に二つの疑惑を実行しようとしていたのであろうか。まず第二の米倉・米商売について検討する。筆者は『女人政治の中世』で『蜷川家文書』を史料として詳細に記したように、富子の所領ではなく、日野家の所領が四条町と六角町にあり、四条町の所領は東が室町、西が西洞院、北が錦小路、南は綾小路に囲まれた十二町の地であったことを述べた。この四条通りを挟む十二町の地域は、現在に残る祇園祭の際には、函谷鉾、菊水鉾、鶏鉾、船鉾など、多くの鉾や山が繰り出す、最も繁華な商工業者の集住地域である。この四条町十二町や六角町八町の権断権は領主である日野家が行使することが、幕府から保証されている。ということは、日野家はこれらの地域の領主として、町衆と普段から密接な関係を築き上げていたことが示されていると思う。

また公家日野家には雑掌や奉行と呼ばれた家礼がいて、彼らは公家、武家、町衆など町の住人たちに、少額ではあるが金を貸し付けていたことが、『賦引付（くばりひきつけ）』等の史料から判明している。つまり日野家の主従は、室町期京中の経済発展や不況、戦乱などによる生活の変化に、常に関心を持たざるをえない立場にあったのである。日野家に育った富子が、御台所として将軍家に入り、応仁・文明の乱に遭遇し、義政の政治の不甲斐なさとまだ元服したばかりの少年義尚の幼さを目の当たりにして、義尚を後見しなければならないという強い意志を持ったとしてもおかしくはないだろう。富子には尋尊から米倉設置疑惑をかぶせられたような豊かな経済感覚があったとしても、将軍家の一員としては当然であろう。義政や義尚が、執政しない・できないこの時代、執政する立場にいたのは、尋尊が述べるように御台富子であったと言える。

さらに付け加えれば、米倉のことは「近日又米倉事被仰付之、可有御商由御支度、大儀之米共也云々」とあるから、これは御台が米商売をしようと準備されているとの噂であったことも示されている。ほんとうに実行されたなら、尋尊はその律儀さ故に断定的に記述し直したであろう。しかしその記述はない。

万一、米倉設置、米商売がなされようとしたとしても、これらの行為が富子の私腹を肥やすためであったのか、戦乱で困窮する人々への救恤米の施行であったのかも不明である。

つまり、実現されてはいない米倉・米商売の噂が発生したことの意義は、それほど京中の経済に明るい御台所富子の政治掌握が、尋尊にはっきりと見えるほど表面化したことを示すものであると考える。まさに文明九年ごろ、将軍家の政治は富子から発信されていたことが分かる。

富子の貸付から見えてくるもの

次の問題は富子が大名・小名にいわゆる「大名貸」を行っていたのかどうかである。この貸付は、江戸時代の豪商による大名貸とはまったく性質が異なることはもちろんである。「畠山左衛門佐」が「先日」、「千貫借用申」と、これは断定して尋尊が書いている。

畠山左衛門佐とは畠山義統(よしむね)をさす。政長は「左衛門督」、義就は「右衛門佐」であるので、能登守護畠山義統であることは間違いない。では義統は御台から一〇〇〇貫文もの大金を借用したのであろうか。

義統が借用したと断定された七月二十九日条から約三カ月後の十一月八日条には、次のような記述がある。

松波・難波自京都下向、大内左京大夫帰国事必定〳〵四五日比女中先以下向云々、就其土岐又可在国云々、同女中衆下向、西方以外作法也、今出川殿御進退者、如今者御生涯必定〳〵云々、若君両所・姫君両所御座云々、京中雑説無是非…（後略）…

さらに十四日条に、

……大内ハ十一日下向、同土岐ハシル谷(渋谷)ニテ合戦在之、七十人計打死云々、今出川殿ハ當国高山ニ御座云々、細川之安富猛勢にて幡（播）州室津ニ付之由申云々、筒井ハ四五日之内ニ奈良ニ可入云々、

とある。

この史料から、義統が一〇〇〇貫文を借用した一カ月後には、西軍大内政弘、土岐一族らの「女中」つまり妻たちがまず国元へ帰っており、続いて他の大名衆も下国し、西軍の陣にいた義視も大和の「高山」に逃げて西軍の主要メンバーが京から退いたことが分かる。

このように西軍大内政弘、畠山義統それに土岐一族らは、まず妻子を分国に帰し、屋敷を焼いて、文明九年十一月に京から引き上げ、分国に帰り、この撤退によって応仁・文明の乱は終結したことが判明する。このような大移動が発生したことのきっかけは、富子の畠山義統への一〇〇〇貫の貸付あるいは給付であったことは間違いなかろう。

畠山義統と御台所富子

では西軍撤退の主役の一人畠山義統とはどんな人であったのか。義統は義満時代に義満の信任厚かった畠山基国（もとくに）の次男満慶（みつのり）の曾孫である。応仁の乱以前の寛正元年（一四六〇）に始まった宗家持国の跡目相続をめぐっての政長と義就の内訌は、分国河内、紀伊、越中にまで拡大し、一族と重臣たちの合戦には幕府軍まで投入されて、すさまじい様相を呈する事態となった。この内訌をこじらせたのは、義政の、合戦を助長するような無策にあった。そのため義就は山名宗全を頼って義政の赦免を受け、政長はこれにより義政から管領を罷免される。つまり畠山氏の同族内対立に対して的確に対処できなかった義政の曖昧な態度こそ、応仁の乱の根本的な原因であったと言える。乱中には、天皇の居所を用意するのも御台所の役割となったように、義政の手から次第に執政権は御台富子の元に移行していたのである。

畠山義統は永享九年（一四三七）ごろの生まれであると推測できる。義統の父義有（よしあり）は永享十一、十二年ごろ陣没したため、義統が幼少であるにもかかわらず、祖父義忠の嫡孫として家督を継ぎ、康正元年（一四五五）能登守護となっていることが検出できる。この年義統は十九歳であったと考える。この頃より宗家の義就と共に河内で政長と戦っている。そして祖父義忠が寛正元年に隠棲したため、現実的にも能登畠山氏の祖となり、また義政の御相伴衆の一員となっている。応仁の乱では西軍として戦い、この史料の書かれた文明九年、京から軍を引き、能登府中（現石川県七尾市）に下って、以後分国統治に専念するのである。能登に下向した文明九年から領国経営に勤しんでいた文明十一年五月の頃までの間に、義統は軍を引いた時の御礼として、能登の特産物など莫大な物品を将軍家に献上したようである。しかし政所執事伊勢貞宗（貞親の子）は、将軍家にこれを進達しなかった。この月義統は義政の父義教の仏事料まで献上したが、また進達されなかった（『晴富宿禰記』）。

伊勢貞親は義政を養育した人であり、そのために義政から絶大な信頼を置かれていた政所執事であったが、文明五年に五十六歳で亡くなっていた。貞親の跡を継いだ子貞宗にとっては、富子に心を寄せる義統に反発を感じていたのかもしれない。

伊勢貞親について一言付け加えると、貞親は義政周辺の「佞臣」と噂されたとの説があるが、貞親が貞宗に残した『伊勢貞親教訓』を読むと、仏神を信敬すべきこと、将軍家から番衆以下に至るまで心を配り、声を掛け、珍物至れば進上し、朝夕の食事は「内」つまり自邸ですませること、肝要は弓馬の道であること、不肖の者が尋ねて来ても対面すべし、侍は家と命と女と三つを忘れよという、侍たるものたとい召仕者なりとも、訶ぎたなく無礼なるべからずなどと述べられており（田端「中世の家と教育」『日本中世の社会と女性』所収）、けっして佞臣ではなく、むしろ将軍家の養育者・教育者として、廉直な人柄であったように感じる。

義統は明応二年（一四九三）、将軍義材（義尹・義稙とも。義視の子）が越前に動座した時、真っ先に将軍に随っている。これは往事（応仁・文明の乱末期）の、義視を将軍に戴いた西軍時代の恩義を、義統が忘れなかったためでもあろう。

それよりも義統にとって強固な思い出として残ったのは、御台富子から一〇〇〇貫文をいただいたことであったと思う。尋尊は借用と表現したが、私見では与えたと考えている。なぜなら乱中に消費した戦費はそれぞれの大名にとって大きな負債として残っていたからである。義統に渡った一〇〇〇貫文は、かつての三条尹子の幕府から与えられた「月宛」の約一年分にも上る大金である。平和な時代なら、富子にも一年間に一〇〇〇貫文の手当は幕府から届けられたであろうが、この大乱中には激減していただろう。よって一〇〇〇貫文は、富子の家の私財から出されていた公算が大である。御料所も応仁元年、二年の朽木氏の例のように、武家領の年貢から転用された事実があった。よって、富子には、私財を投げ打って、応仁・文明の乱に終止符を打たせた功績を認める必要がある。山科七郷の事例を挙げたように、合戦を止めさせることは、土民から天皇家までの、この時代のすべての人々の願いであった。その願いを実現したのは、義政でも義尚でもなく、富子だったのである。

斯波氏の内紛に義政が関与

義政の優柔不断さは、富子との婚姻のころから世間の人々の目にははっきりと見えていた。義政は足利氏の支族である斯波氏の内訌にも深く関与した。

斯波義健が享徳元年（一四五二）に亡くなると、庶流から「武衛家」（斯波氏本宗家）を嗣いだ義敏と、老臣甲斐常治らとの争いが起こり、甲斐らは斯波家庶流の義敏を擁立する。義敏は康正二年（一四五六）、常治の専横を幕府に訴える。しかし常治は妹が伊勢貞親の側室であることを利用して画策したため、義敏に不利な裁決が下され、ために義敏は隠棲することになった。長禄二年（一四五八）、勝元の諫言を容認した義政は、義敏と甲斐常治を和解させ、翌年義敏を古河公方足利成氏追討に派遣する。しかし義敏は古河公方とは戦わず、分国越前に入り常治を敦賀城に囲み戦ったが、逆に大敗している。常治はこの年七月病気で亡くなった。それを知った義政は常治の跡を子敏好に嗣がせ、義敏を廃して子松王丸に斯波家を嗣がせる。義敏は仕方なく、大内教弘を頼って周防に逃れた。この事態を見た重臣朝倉、甲斐らは、渋川義鏡の子義廉を擁立し、義廉の縁者である山名宗全を通して幕府に働きかけたので、義政は再び態度を変え、寛正二年（一四六一）松王丸を廃し、義廉が跡継ぎとなることを承認したのである。

しかしこの問題はまだまだ紛糾する。先述のように義敏の側室と伊勢貞親の側室が姉妹ということから、貞親は義敏に肩入れしたので、義政は今度は義敏を赦免した。反発した義廉は文正元年、義敏の被官（家臣）を惨殺する。すると義政は義廉を廃して義敏を当主に据え直すのであった。その直後、勝元が宗全と歩調を合わせて、伊勢貞親を近江に追いやると、応仁元年（一四六七）正月、宗全の推薦で、義政は義敏を管領に任じたのであった。

このように斯波氏の家督争いは、室町期に普遍的な重臣層の台頭に起因するものであったが、そのこと以上に、将軍義政の優柔不断さ、定見のなさによって振り回された内訌であったといえる。文明五年からさほど離れない年に書かれたとされる『応仁記』は、畠山氏や斯波氏の内訌に対し、義政が同じ時期に優柔不断な態度で終始したことについて、「勘当ニ科ナク、赦免ニ忠ナシ」と世人は笑ったと書いている。この義政のもたらした政治上の大混乱こそが、応仁・文明の大乱の根本原因であった。

したがって文明五年頃から九年の乱終息の頃まで、御台富子が、表面上は義政を立てつつ、将軍義尚の後見役として執政する土壌は整っていた。ただ尋尊のような、それまでの政治過程を具に見てきた知識階級・公家層にとって、女性が政治を執ることは馴染みのない事態であり、是認できなかったのであろう。いっぽう、後述するように、尋尊の父一条兼良は日本には「女人政治」の伝統があったと考えていた。

大内政弘の人となりと応仁の乱の終息

この節の最後に、西軍の中心として活躍した大内氏について検討する。

応仁・文明の乱の頃の大内氏の当主は政弘である。政弘は文安三年（一四四六）教弘の長男として生まれ、二十歳のとき父の死により大内家を嗣ぎ、のち周防・長門・豊前・筑前守護に任じられ、左京大夫、従四位上の官位も獲得して、大守護大名となった人である。乱前に、政弘は伊予守護河野氏を援助したので、四国・畿内に地盤を持っていた細川氏と対立、細川氏は大内氏追討の命令を幕府に出させた。そのため政弘は応仁の乱の当初から、兵を率いて上京し、西軍の中心的存在となっていた。文明三年伯父教幸（のりゆき）が九州の勢力を糾合して謀叛を企てたが、陶弘護（すえひろもり）らの活躍により、教幸が自刃したため、政弘の地位は揺るがなかった。

文明九年（一四七七）政弘三十歳の年、西軍諸将は九月の畠山義就の河内への撤収をはじめとして、先述のように十一月には畠山義統など西軍諸将が一斉に分国に引き上げたので、十一年に及んだ京都と京郊、近国を主戦場とする内乱は終息したのであった。ただ畠山氏の政長対義就の争いはこの後延々と続くのだが。この経過から見ても、畠山義統に富子から渡された一〇〇〇貫文は、西軍内で分配されてそれぞれの戦費補塡と撤収費用に使われたと推測する。大内氏などは十一年の間に相当多額の戦費を使ったことと推測されるからである。戦費はもちろん自己負担だった。

大内政弘は撤収以前の九月、東軍への降伏を条件に、朝廷から従四位下の位を与えられ、幕府から周防など四カ国の守護に改めて任命され、石見国と安芸国内の所領の安堵を受けた（『御湯殿上日記』、『長興宿禰記（ながおきすくねき）』など）。これによって軍勢を国元へ帰す名目が立ち、撤収費用の一部も富子から渡されたということであれば、帰国の実現は実質・名目ともに揃ったことになるからである。

大内政弘と富子との信頼関係

では撤収の日取りはどのように決められたのであろうか。この問題について、注目すべき史料がある。すなわち『蜷川親元日記』には翌文明十年七月に政弘が将軍家に莫大な礼物を進上したことが記されている。

一、大内方より送進色々、若州小浜津より京着、午刻、唐物御荷数十五、但此内大絵維摩、眼筆、龍箱一ハ進上物也（中略）

一、公方（義政）四百卅貫文、此内三万疋国安堵御判之時、三千疋四品御免之時、万疋当年御礼太刀金副、松田対馬守（数秀）秀数、折紙方奉行、方へ、親方送状を遣、御倉定泉、被納之、（中略）
一、上様（富子）御分三百四十貫文、此内、万疋御判之時、二千疋四品之時、二千疋御内書時、五千疋十月十二日、五千疋当年御礼、万疋就下国之時宜、聯輝へ申入、送状親元、御使松平、御倉定泉、被納之、
一、御方御所様（義尚）分三百貫文、万疋去年はしめて御礼、万疋安堵御判之時、万疋当年御礼、三上大蔵丞貞光、方へ遣送状、中村倉へ納之、使上田、

このように、大内政弘からの唐物の荷が十五個も小浜から転送され、多くの銭貨が将軍家の三人に別々にもたらされ、それぞれ別個に公方御倉に納められたのである。

従四位下の叙任も義政から奏上されたという経緯から見て、義政に多額の礼物が到来しているのは当然である。注目したいのは、「上様」富子に対する項目の多さである。義政に対する「国安堵御判之時」「四品御免之時」「当年御礼」（これは銭貨ではなく太刀）の三項目に対し、富子へは「御判之時」「四品之時」「当年御礼」以外に、「御内書時」・「十月十二日」の礼と「下国之時宜」についての礼の三項目が加わっているのが特徴である。御内書とは、義政の発給した御内書をさし、それを出すよう積極的に取り次いだのが御台だったために、お礼として進上されたと考えられる。従四位下の叙任はもちろん天皇家が行ったが、この件も義政を通じて富子が推薦したことを物語っている。「十月十二日」には「月並和歌御会」が開かれているので、富子の推薦で、和歌を得意とし、一五〇〇首を収め

る自身の歌集『拾塵和歌集』を残した政弘が、この和歌会に出席したのかもしれない。この年「禁裏」は、前掲の表（七〇—七一頁）のように、富子の実母北小路苗子の屋敷での仮住まいであったことも理由の一つに挙げられるだろう。政弘がこの十月十二日という日取りを特記しているのは、この日が忘れられない日時だったためであろう。

そしてなによりも重要なのは、下国の日取りを御台と相談したのが判明することである。十一月に下国すると決定するにあたって、最も政弘が信頼していたのは富子であり、「御台様」との打ち合わせに従って国元へ引き上げたことが判明する。この「時宜」が政弘にとって特に重要事項であったことは、上様への御礼の額が、「御判之時」と同じく、一万疋であったことから分かる。つまり大内政弘の御台に対する礼物進上は、項目ごとに明確に区分して、御台富子の様々な取り持ちに感謝する気持ちを表したと考える。とくに十年にわたり軍勢を上京させていた政弘にとって、どのような時期に、どのような成果を得て帰国するかは、最も重要な案件だったであろう。このように応仁・文明の乱の終息について、最も積極的に動いたのは御台所富子であり、またそのような役割を果たすべき立場にいたのは、優柔不断な前将軍義政ではなく、若すぎる将軍義尚の後見役としての富子であった。

畠山義統が借りたとの噂が流れた一〇〇〇貫文は、疋に直すと、一疋が一〇文であるので、一〇万疋になる。義統は幕府相伴衆も務めていたので、富子はこの人の人柄を信頼し、大金を手渡したのであろう。その信頼に応えて、義統は大内氏や斯波氏など西軍諸将にこれを配分し、そのために西軍諸将は一斉に十一月に京中と京郊から兵を引き、畠山氏は河内や大和で合戦を続けたが、西軍の主だった武将たちは分国へ引き上げたため、東軍の攻撃もなくなった、というのが実情であっただろう。大内氏は軍勢引上げについて御台所富子から様々な口添えや配慮を受けたので、分国から大金と豪華な贈り物をわざわざ日本海を通って届けたのである。

大内氏が献上した一万疋は、富子が義統に渡した一〇〇〇貫文の十分の一である。このことも義統から大内氏に対して、富子からの大金が西軍武将に分配して渡されたであろうことを推測させる。

大内政弘が献上品を小浜津に陸揚げさせた点についても、瀬戸内海と兵庫や堺を経由させるより、小浜から若狭街道を通って京まで運んだ方が、山道ではあるが、東軍細川氏や畠山氏の領国を通らず、早く安全に将軍家に届くと思ったからであろう。

また「一万疋」という金額に関連しては、次の史料も挙げておきたい。応仁の乱終息直後の文明九年十二月二十三日に、義政・富子・義尚が参内し、歳暮を天皇に賀した際、義政からは五〇貫文が進上されたのに対し、富子は禁裏女房たちに対して土産として一〇〇貫文を贈っている（『御湯殿上日記』）。富子はどのような人がどういう役割を持って朝廷や幕府に仕えていたかを知っていて、その労苦をねぎらう広い心の持ち主であったことが分かる。

尋尊の語る文明九年の世情

洛中洛外の合戦と類焼はなんとか終わる様子が見えたが、近国大和・河内などでは小競り合いが続いていた文明九年、尋尊は次のように日記に記している。

「就中天下事更以目出度子細無之、於近国者近江・三乃・尾張・遠江・三川・飛騨・能登・加賀・越前・大和・河内、此等ハ悉皆不應御下知、年貢等一向不進上國共也、其外ハ紀州・摂州・越中・和泉、此等ハ國中乱之間、年貢等事不及是非者也、サテ公方御下知國々ハ、幡摩（播磨）・備前・美作・備中・備後・伊勢・伊賀・淡路・四国等也、一切不應御下知、守護躰於則躰者御下知畏入之由申入、遵行等成之、守護代以下在国物中々不能承引事共也、仍日本國ハ悉以不應御下知也」

（『尋尊大僧正記』文明九年十二月十日条）

応仁・文明の乱によって、日本は将軍足利義政の命令には従わない、従えない国になっていたのである。大混乱の十一年間を、義政の後ろで必死に将軍家の三つの家を継承させるため、大乱を終息させる手だてを、私財を投入してでも実行していたのは、御台所富子であった。

執政する御台所の真の姿

土民にもはっきり見えた富子の執政とは、文明五年十二月に義尚が征夷大将軍に任じられて以降、翌文明六年には義政は一人小河新第に移っていき、「大酒」におぼれる荒廃した生活を送っていたので、「公事」は「富子」がもっぱら義尚の後見役として務める立場に就いた時点から始まっていた。

まだこの年には兄勝光も健在であったが、勝光が文明八年に亡くなると、後見役は富子一人の双肩に担われることになり、常日頃からの朝廷への献金や献品はもちろんのこと、文明八年三月八日一万疋（一〇〇貫文）という大金を禁裏番衆に献金したので、警護にあたる御前衆十五人には各三〇〇疋（三貫文）が、外様番衆には各二〇〇疋（二貫文）ずつが配分されて下行されたのであった。公家甘露寺親長が「不慮の恩波也」と喜んだことは前述した。

内裏の修造についても富子は気を配り、文明八年九月幕府から奉行を出して御学問所の庭を修造させたが、その奉行の一人は富子の家の家礼杉原賢盛（すぎはらかたもり）であったことから、富子の天皇家への深い配慮がうかがえる。大内氏が大きな礼物を進上した文明十年七月ごろまで、富子の執政は様々な面で連綿と続き、特に大乱の終息のため、富子は私財を注ぎ込んでその任にあたったと言える。

まさに、文明六年から十年まで、御台所としての役割を懸命に務めるべく、朝廷や武家諸大名、幕臣や公武の女房衆に至るまで、広く救援の手を差し伸べ、細部にわたって職務を果たしたのが富子であったのである。

振り返ると、かつての応仁・文明の乱についての通説は、次のようなものであった。百瀬今朝雄は「応仁・文明の乱」で「敵方の大名にまで高利貸付をし」「米倉をたてて米商売をも計画」「文明十二年土一揆が徳政を行おうとしたとき、自分が大高利貸であるため、これを鎮圧させようとし」たと断定している（『岩波講座日本歴史』7中世3、一九七六年）。また稲垣泰彦は「義政は政治を放棄し、戦乱後の窮乏の中で東山山荘の建造を行い数寄宴遊にふけり、夫人日野富子も高利貸・米相場に熱中して蓄財にふけり、世の非難をあびた」と夫婦共に断罪したのであった（『国史大辞典』応仁文明の乱の項、一九八〇年）。

このように富子を金の亡者のように見た理由は、前述の尋尊の書き残した日記の記述を、そのまま事実と認識したためであることは、本書の読者には分かってもらえると思う。尋尊は、日々に起こったこと、その事実に対する自分の感想や噂を忠実に記載しているので、史料としての価値はたいへん高い。そして自分が体験したことは事実として断定的に記しているが、伝聞には「云々」などの言葉を付しているのである。しかし尋尊が記述した事項が、はたして事実であったのか、噂にすぎなかったのか、その後どのように展開していったのか、これらを検討することこそ歴史学の役割であると思う。将軍家の動向だけでなく、武士階級や京郊村落で応仁・文明の乱によってどのような変化が生じたのか、またその後の展開をも検討することによって、日野富子の実像を旧来の説から一新できたことは、筆者にとって大きな収穫であった。

応仁・文明の乱が京とその近郊・近国において、ようやく終息した時点での御台所富子と夫義政にとって、残された課題は御所と室町第の再建であった。

番衆朽木氏と応仁・文明の乱

ここで番衆の一人であった朽木氏について補足しておきたい。朽木氏は近江佐々木氏の庶流で、承久の乱での勲功の賞として、信綱が近江国高嶋郡朽木荘の地頭職に任じられて以来、子孫がここに定住し、朽木氏を名乗った。鎌倉・南北朝期を過ぎ、室町期になると、足利将軍家との関係が密接になる。文安五年（一四四八）の「幕府番帳」（『蜷川家文書』）には、五番外様衆四七人中の一一人が佐々木姓の人物で、その中に「朽木弥五郎」がいる。「弥五郎」は代々の朽木氏が官途を得る以前の時期の通称であるので、寛正元年（一四六〇）に「信濃守」を称している貞高であろう。この時、朽木信濃守貞高は、足利義政から、朽木氏の本領である朽木荘を「御料所」となし、一〇〇貫文の年貢を出すべきこと、下地は朽木貞高が「領掌不可有相違」との御教書をもらっている（『朽木文書』）。このように朽木貞高が自身の本領である朽木荘を「御料所」とされたのに、下地安堵で満足したのは、朽木氏がすでに番衆（奉公衆）の一員であったためであると思う。自領から年貢として毎年一〇〇貫文という高額の銅銭を幕府に納める代わりに、朽木荘の領有権を将軍家から認めてもらえるのだから、悪い条件ではなかった。番衆となることによって、朽木氏にとっての個人的なメリットも多かった。将軍家からの所領安堵を受けたことによって、朽木荘以外の荘園の代官として年貢調進を請け負うことができた（針畑荘など）し、この前年には、「貞高被官人」三〇〇人、馬二〇疋が、近江から上洛するまでの途中の諸関所での「勘過」（関銭を払わずに通行できる権利）を認められていたからである。朽木氏自身の私用つまり交易に、この権利が有効利用されたことは言うまでもない。

先述の応仁二年二月に朽木氏から幕府に納入・皆済された一〇〇貫文の年貢は、朽木荘が御料所に設定されていたことによる応仁元年分の年貢であったことが分かる。

奉公衆の一員であった朽木氏は、応仁・文明の乱では細川勝元方（東軍）に加わった。応仁二年七月、幕府から、貞綱の所領である「後一条・同案主名（半済方を除く）」は「将軍世子（義尚）」の「供菜料所」として弥五郎（貞綱）に預け置かれた。名目が変更されただけで貞綱の所領であることには変化がなく、年貢五〇貫文を幕府に出すことが要求され、下地は「陣中の間領知さるべし」と安堵されたのであった。文明三年には、朽木氏は近江神崎郡清水構で、家子飯田氏を討ち死にさせるほど貢献したとした、義政から御内書をもらっている。

合戦に参加するほか、寛正六年（一四六五）には後土御門天皇の行幸に帯刀として供奉しており、幕府の命令で、平時にも番衆には様々な警護役が課されていたことも分かった。

3　文明九年、大乱終結による変化

「世上無為」に戻った文明九年

文明九年九月以降、畠山義就や大内政弘、畠山義統ら西軍諸将が京から兵を撤退させ、分国に帰ったことで、応仁・文明の乱は終息を迎えた。この年の幕府奉行人奉書には年初から平和が訪れることが予見されているような記述が見える。三月には「世上無為」の語が奉書に見え始め、九月からは山科七郷内知行分や九条散在田地が山科家に、久世上下荘などが東寺に、山城国内の所領が久我家に、吉田社境内の田畠・山林・寺院・泉殿跡などが吉田社に、「敵退散」のゆえに返されている。奉行たちは義政が最後に「敵」と呼んだ畠山義就が、「既没落之上者」として、乱前の持ち主に所領を安堵する奉書を出し続けたのであった。そして幕府は御所修理のため段銭を石見国に懸け、御料所を設定して守護大名に年貢の送進を命じるなど、奉行人たちも、ようやくまともな仕事ができる状態になった。関所も所々で復活設置されたのは、当面の最大の課題である内裏修理の財源を捻出するためであったことが分かる。

このように応仁の乱は御台富子の努力によって終息することができ、将軍家の権威も守られ、幕府奉行人たちの仕事も再開されたのであった。乱中に御料所とされた武家領や公家領は元の持ち主に返され、阿波国や加賀国、美濃国内の公家領・寺社領は、守護代に命じて公家・寺社に返還された。しかし義就被官の山城国内の所領は、元の持ち主である久我家などに返還されたあと、文明九年には「今御所」（義尚）の御料所とされている（『室町幕府文書集成　奉行人奉書篇』上）。

乱中には皇室領、公家領や寺社領は、守護や国人領主に押領されるのが常態となっていたので、御料所そのものも乱前とは異なる様相でしか設定できなかった。久我荘内の「森伊与守跡田畠加地子」などは、乱後いったん「上様御料所」（富子の御料所）として「借り召され」たという。一時的な富子の御料所とされたのであろう。しかしこの地は、延徳三年（一四九一）、旧領であり、寛正三年の将軍家の「御判」があるからという理由で、久我家に返還されている（『久我家文書』）。幕府としても、理由なく御料所を設定することはできなかったので、一時「借りる」という形で、御料所を設定していたことが分かる。苦肉の策とも言える状態であったのだろう。

山科七郷郷中関の成立

応仁・文明の乱が御台の力によって終息したこの年、山科では重要な事象が生起していた。それは山科七郷の住民たちが領主山科家雑掌大沢久守とともに「郷中関（ごうちゅうせき）」を設置したことにある。詳細は田端『室町将軍の御台所』に述べたので、簡略に記すことにする。

文明九年十一月二日、幕府は御所修築の関銭確保のため、内蔵寮料である長坂口関（ながさかくちせき）の復活を山科家に命じ、三日には山科家領九条散在田地「六段半」も、「敵退散」について山科家に返し、山科野村郷内六段田の年貢は、花頂門跡に返している。そのうえで、山科七郷全体の領主の立場を保ってきた山科家の雑掌大沢氏に対し、「御敵土岐美濃守（成頼）が近日没落する」との風聞があるので、「諸勢」を遣わして追伐すべきである、時日を移さず「山科郷民」を集めて「通路を塞ぎ」「戦功に抽じられる」べきであると命じてきたのであった。山科家当主は乱を避けて坂本に避難していて、地下は雑掌大沢氏と郷民たちが守っていたので、宛名は雑掌に変わっていたのである。

幕府の要請に力を得た山科七郷の住民は、十一月十九日、「神無森」に「郷中関」を設け、寄合で関銭の配分を決定するという、他郷村には類例のない、一揆史上注目すべき事象を成立させている。山科東荘などの荘園領主ではあるが、山科七郷全体の住民に対し、京中・京郊外での商売の免許札を発給している山科家が関所を立てるのなら、他の荘園領主も賛同するかもしれないが、そうではなく、七郷の乙名層と山科家雑掌の合意のうえで、幕府の要請に基づき「神無森」に関所を立てたのであった。「神無森」については現山科区小山に神無森町の町名がある。

この日、大宅郷の三郎兵衛宅で「七郷」の寄合が持たれた。議題は「関の事」で、関銭の配分を、三分の二は郷中へ、三分の一は山科家雑掌大沢久守方に配分すると決定された。この決定の直前に、西山の進藤加賀、音羽の粟津筑前入道、野村の浄垂の三人が談合しており、その合意に基づき、寄合での配分決定がなされたものと見てよい。彼ら三人は各郷の代表的乙名(おとな)層だったからである。

この関所は、引き上げる西軍特に土岐氏が山科を通って下国するのを追罰させようとの幕府の意図を汲み取って、山科の北東部の東海道沿いに関立てをしたもので、幕府公認だったのである。しかし郷民たちは、この関所設置に、もう一つの目標を設定していた。それは関立て三日前の『山科家礼記』十一月十六日条に、「七郷ふにう(不入)の事、かうちゅう(郷中)より申候」とあることにより判明する。関立て前日の十八日、野村の五郎左衛門入道、西山の進藤加賀、音羽の栗津筑前入道の三人が大沢久守宅に集まり夕食を共にしたが、その時の談合の議題も「守護事、関事」であった。よって文明九年十一月の「郷中関」設置には、守護不入権を獲得して、郷民が幕府から自立しようとする、国一揆に共通する壮大な意図が込められていたと思う。

神無森関所には、郷民の代表である乙名層と大沢氏が二十一日以来代わる代わる出て運営し、大沢氏には一貫六〇〇文、一貫一〇〇文などの関銭収入があり、この時期には長坂口や辰巳（南東）口からも久方ぶりに関銭が幕府に到来するという、関所の復活現象が見られたことが『山科家礼記』には記されている。

しかし幕府はこの山科七郷と山科家雑掌が共同で立てた関所の性格の危険性を見逃さず、十二月十九日、山科家宛に「内裏修理料関一所を御陵に立てたので、自然の儀があれば代官に合力し、関務を全うすべきである、次に当所神無森の新関は、時日を移さず停廃する」という奉書を送ってきた。こうして郷中関は一カ月で停止されることになったが、山科七郷で乙名層を中心に、郷民と荘園領主の代官層との共同運営の郷中関が登場し、運営された歴史的意義は大きいと考える。

以後山科では、守護から課された「五分一役」の免除を願って行動し、また「守護不入」の奉書を幕府から得るために伊勢氏、申次奉行、山科家などに運動し、礼物を持参したのは、すべて七郷の乙名層であった。山科七郷の惣郷結合は、こののち豊臣秀吉の治世まで健全に生きていたことは、筆者の「中世の山科二（室町・戦国・織豊期）」（『山科の歴史と現代』所収）で詳述している。

4　乱後の将軍家と土一揆の高揚

大乱の終息が万人の目に明らかになるにつれ、後土御門天皇が、乱中室町第、次いで北小路行在へと避難し、なかでも後花園上皇は文明二年、室町第で亡くなるなど、不自由な暮らしを余儀なくされていた状況が、この時代の人々には、自分たちも困窮疲弊しているが「お気の毒なこと」と映っていたのだろう。さらに天皇家が同居していた室町第が文明八年（一四七六）十一月、裏辻の小家（土倉であったとも言われる）からの失火で焼亡し、義政の小河第や北小路禅尼苗子（みつこ）邸（所有者は富子である）に天皇家が移ることになり、この火事で天皇家の御物や累代の器が焼失し、義政・富子の財産も残らず焼失していたことは、万人の同情を誘ったと思われる。室町第の火災は周辺の公家邸にも及び、三宝院、日野、広橋、庭田、飛鳥井（あすかい）、伏見殿などの「御陣屋」（武家が陣所として使用していた）が悉く炎上し、飯尾加賀守が焼死し、所司代の私宅以下在家の多くが焼亡した（『大乗院日記目録』）。朝廷が足利義満将軍期から全面的に幕府を頼る体質を保ち続けてきたことも、田端『室町将軍の御台所』や、本書でのこれまでの記述から明らかであろう。

急がれる内裏修復

そのため幕府は文明十年（一四七八）一月、土御門内裏修復を目的に、京の七口に新関を設ける。しかし内裏の修理だけでは問題は解決せず、長らく天皇・上皇が同居していた室町第の修造も緊急を要したのであろう、十二月に幕府は室町第造営のため、京中に棟別銭、諸国に段銭を課すのであった。

しかし荒廃し尽くした京中や近郊村落、また合戦が広がった諸国から順調に棟別銭や段銭が集まったとは、とても考えられない。そのため翌文明十一年三月に幕府は内裏修造棟別銭を洛中洛外に課し、越前には段銭を課している。

文明十年七月、広橋兼顕（かねあき）は富子に「就きて」、東北院俊園の仏地院領と浄土寺門跡政禅への安堵の御内書等を下してほしいと義政に申請している（『兼顕卿記別記』）。義政に御内書を出してもらうために、御台所富子に取り次いでもらおうとしたことが分かる。このたびは富子は仏地院領については重ねて子細を尋ねてから判断するとし、政禅への安堵は義政自筆の安堵状は難しいと思うので、奉行に書かせようと、てきぱきと処理し、浄土寺門跡安堵の御内書は奉行松田数秀に書くよう申しつけている。このように富子は義政を立てて御内書を書かせるなど、表面的には義政の命であると見せながら、実質的には富子の判断で執政していたのであった。小事は自ら処理し、大事は義政に取り次いで義政を励ましつつ処理したことが、『兼顕卿記』には種々記されている。このように富子の執政は表に現れにくいが、以後文明年間を通じて見られる。

文明十一年（一四七九）七月、天皇家が文明八年から行在所としていた北小路邸（もと富子の母苗子の邸宅で、所有者は富子）まで焼失し、天皇は聖寿寺へ、次には日野政資邸へ居場所を変えざるを得なかったので、内裏修復は喫緊の課題となった。そのため幕府は急ぎ土御門内裏を修復したのであろう。十二月七日、天皇家は無事、土御門内裏に還幸した。こうして内裏は修復され、天皇家から将軍家・幕府への矢の催促は、ようやく緩やかになったのであった。

関銭収入とその配分

前年末の文明十年十二月七日、山城の「国人」(侍と土民すなわち土豪層と百姓)は、京都の七口に設けた幕府の関所を撤廃しようと、京への通路を塞いで幕府に訴えた(『尋尊大僧正記』)。幕府が七口に関所を設け、土民たちはそれに対抗して、「通路を塞」いだのであった。通路を塞ぐとは、幕府が設置した関所の近辺で、道留め・閉鎖を行い、設置した関所を通らせないようにした行為である。幕府が当てにしていた関銭収入は入らなくなるから、道留めは土民ならではの抵抗手段であったことが分かる。

さらに十三日、幕府は東寺の周囲の新関を停止させる。幕府公認関のみを通らせ、関銭を徴収して幕府費用なかでも室町第造営費に充てるためだったのであろう。この前日十二日に、幕府は、五月に続き室町第造営段銭を諸国に課しているからである。ここで分かるのは、室町第修造の費用は、段銭だけでなく臨時に設けた幕府の関所から徴収される関銭が充てられていたことである。

文明十年には、将軍家の義政は小河第、富子と義尚は修復されないままの室町第に住んでいて、朝廷の儀式・行事の時のみ三人は室町第内での天皇家の行事に加わるため参内する、という姿で暮らしていたからである。

文明十一年二月、室町第の造営がようやく始まった。そこで幕府は内裏修造のため棟別銭を洛中洛外に課し、越前に段銭を課す。内裏修造と室町第修造の二つの懸案を一気に解決しようとしたことが分かる。ところがこの目論見もうまく運ばず、七月、天皇家が普段暮らしていた北小路行在(富子の母苗子の屋敷)が焼亡したので、天皇は聖寿寺へ次いで日野政資邸へと移居せざるを得なかった。この火災については、内裏修理を急がせるための焼亡であるとの噂が流れたという。

分裂した将軍家

文明十一年(一四七九)十一月二十二日、義尚は判始、評定始、沙汰始の行事を挙行し、新将軍として執政する形式は整った。しかし将軍職を義尚に譲るべき義政は、以後長らく将軍としての実権を息子に譲らず、寺社関係の実権を握り続け、また日明貿易も自ら管掌し続けた。そのため翌年から現実に政治を執るべき人は、義尚の教育役・後見役を務める富子以外にいなくなったのである。

十二月土御門内裏の修造が始まり、天皇は還幸した。実に応仁元年以来、十三年ぶりのことであった。本格的な内裏の修理は、翌十二年にも幕府が徴収する関銭によって継続して行われることになる。天皇家は、大乱とその余燼くすぶる時代に、内裏修理を実行した将軍家と幕府、特に御台富子には、感謝の気持ちを持ったに違いない。

このころ御台所富子には、御料所として近江舟木関の関銭が与えられていた。関銭収入は毎月六〇貫文であったという(『尋尊大僧正記』)。しかしこの関所に違乱攻撃を加え押領したのは、応仁の乱に西軍として参加した近江の六角氏(この頃の当主は高頼)である。舟木関について、尋尊は「自守護方押領之」と記している。つまり乱のため御料所からの公租が充分に幕府に入らなくなり、苦肉の策として御台には関銭徴収権が与えられたのであろう。しかし関銭の徴収そのものも、乱後は設置場所の守護や国人領主の押領にさらされていたことが分かる。なお舟木関の所在地は、舟木荘が蒲生郡(現近江八幡市舟木町)にあった荘園(醍醐寺三宝院領)か、高嶋郡(安曇川町)にあった荘園(賀茂別雷社領)

か判明しないが、前者は舟木港のあった地でもあるので、関所としては最適な立地にあったと思われる。

そのほか富子の「御料所」として文明十一年に幕府から与えられていたものに、「淀魚市塩合物（しおあいもの）」があった（幕府奉行人奉書）。現地淀に「御代官」として臨み、税を徴収したのは「東寺」の雑掌である。乱後には以前の御料所のように公租徴収も満足には行われなくなっていたであろう。そのため関銭や魚市での塩合物商売に懸けるわずかな税をも、御料所とせざるを得なかったのである。

御台所富子の伊勢参宮

富子はこの年（文明十一年）の九月十四日、伊勢大神宮参詣に出かけている。参宮の行列に加わったのは、義政と富子の間の娘南御所、次男義覚などであり、騎馬武者は細川政国（まさくに）、武田信親（のぶちか）、伊勢貞宗、小笠原（おがさわら）政清など数十人であった。清貞秀は前日から参向している。御供の女房の輿は二七丁で、「尽期無」く続いたという。この参宮のために徴発された人夫は数万人に上ったとも言われる。お供に加わった人々には「公物」が貸し下された。留守居の人々には「鼻向（餞）」が諸大名負担で渡された（『長興宿禰記』など）。

この参宮の人夫数万人は、荘園領主に割り当てられ、荘園内の夫役同様、地下負担で務めるか、荘園領主が費用を負担する雇用の形態で務めるか、地下の土豪・百姓と荘園領主の間に新しい争点を生み出している（『室町将軍の御台所』参照）。

九月の御台所富子の参宮については「諸人美を尽し善を尽す、路次見物衆市を成す、大樹（たいじゅ）（義政）以下御見物と云々」（『実隆公記』）と記されている。御台富子の姿は、将軍家がまだまだ健在であることを世間に示す効果を伴っていたのである。

天皇家のために努力する富子の姿

この九月の参宮の二カ月前の七月、京ではまた大火が発生していた。柳原邸からの出火で、天皇の北小路行在が焼けたため、天皇は聖寿寺（白雲寺）に逃れたが、民家は三〇〇〇軒も焼かれ、薗・菊亭・冷泉らの公家邸を含んで南北三丁、東西三丁の大火災となったという（『尋尊大僧正記』）。この後天皇家はさらに七月十一日、日野政資邸へと移るのである（『尋尊大僧正記』）。

御所を失った天皇家の受難が続いたこの時代、一心に天皇家の居所について世話したのは、御台富子であった。尋尊は、このころの状況について記す随心院からの手紙をそのまま引用している。その文面の最後の部分は以下の通りである。

「今度臨幸准后ニハ無御存知候、上様（富子）御沙汰候」と。（『尋尊大僧正記』七月十四日条）

富子ひとりが天皇家の居所の心配をしていたことを、京在住の公家や寺社、庶民は知っていたのである。

このように大火で荒廃した京を後に、九月、御台所が伊勢参宮に出発したことは、富子が義政を立てつつ執政していた姿を見てきた民衆の反発心を掻き立てたであろう。翌十二年九月の大土一揆の背景には、前年のこうした状況があったと思われる。

文明十二年、御台所富子の執政再び

文明十二年（一四八〇）正月、富子は禁裏女官に酒饌（しゅせん）（酒と食物）を贈っている。禁裏担当執政者としての富子としては理に適った行為である。前年十一月に判始などの新将軍としての行事を行った十五歳の義尚は、四月、日野勝光の娘を正室として迎え、将軍家としての体裁を整えている。しかし実際の幕府政治は、腫れ物で体調を崩しながらも行動する、義政の手中に握られたままであった。二月に体調不良のため「我ハ不可久」と自分で言っていた義政に対して、これを聞いた富子は「我も公方御座ありての事也」と述べて、真如堂（しんにょどう）の四十八日念仏に奉賀したという（『尋尊大僧正記』）。つまり文明十二年頃の御台は、義尚を将軍として自立させるまでは、かつて文明十年七月、広橋兼顕が富子を通して義政に御内書を書くよう求めたように、義政が執政することを承認し、自身はあくまで義政を立てつつ、その背後で義政と義尚を支える役割を務めるべきだと考えていたらしいことが推測される。

五月に「御台」富子が一条兼良に料足二〇〇〇疋（二〇貫文）を贈り、七月にその兼良が『樵談治要（しょうだんちよう）』（義尚のために書いた政治の要諦八箇条）を提出したのも、義尚の後見のための富子の配慮であったと考える。この二〇貫文贈呈のときは、さすがに辛口の世情批評を日記に記していた尋尊も、富子のことを「御台様」と呼んでいる（『尋尊大僧正記』）。

いっぽう幕府は文明十年に続き、この年（文明十二年）二月、再び京の七口に関所を設けた。その関銭で内裏修理を始めるためである。九月には再度関を設けたので、土一揆が蜂起し、徳政と号して店舗を破壊し、財物を奪い、実力で私徳政を実施する事態が生じた。次いで一揆は奈良に広がり、興

福寺十三重の塔や寺々が焼かれる事態となった。

このたびの関所設置の目的は「武家自用」にあり、内裏修理は「不及沙汰」つまり名目にすぎなかったと中御門宣胤は『宣胤卿記』に記している。なぜなら内裏修造の一応の完成と天皇家の帰還は、この前年の十一年十二月に果たされていたからである。尋尊は彼独得の感想として内裏修理は有名無実で、「一向御台之御物ニ被成之」「上下甲乙人迷惑珍事関也」と厳しく批判した。

幕府設置の関所からあがる関銭が御台富子の私物になるに違いないとの尋尊の見立てが生じた背景には、この時代の政治を動かしていたのが誰であったかを、尋尊が正確に見抜いていたからに他ならない。義政が前面に立って執政する体裁は保っていたが、実際には富子が重事は義政に回してその裁許を仰ぎ、小事は自ら奉行に指示して采配を振るっていたからである。執政する御台の姿は、応仁・文明の乱終結時の文明九年に続き、文明十二年に再び人々の目に見えるほど大きくなっていたのである。

文明十二年の大土一揆

文明十二年九月十一日、幕府は内裏修理のため、京の七口に関所を設置した。幕府が土御門内裏修理を名目に京の七口に関所を設置するのは、これ以前の文明十年一月と七月にも見られた。これらの場合も土民たちは土一揆を起こして反対したが、二年後にまたしても幕府は関所を設置したのである。これに反対する土民たちは蜂起し、徳政を掲げて店舗を破壊し、その財物を奪ったのであった。京の出入り口が止まったため、影響を受けた奈良に土一揆は拡大し、興福寺の大塔やその他の寺々が焼け落ちるなど被害が拡大した。この大土一揆によって被害を被った尋尊は、京都との流通路が留められてしまったことを述べたあと、このたびの七口関も内裏修理は有名無実で「一向御台之御物ニ被成之」と推測したのであった。

これが推測であったことは、文明十二年に富子のもとに関銭が入った史料が皆無であること、尋尊の聞いた噂には「御台料足ハ数万貫、其外重宝ハ不知其色云々」があったことにあり、尋尊はこのたびも噂をもとに感想を記していたことが分かる。そのためであろう、五月に「御台様」が、尋尊の父親である一条兼良に二〇〇〇疋を贈ったことにより『樵談治要』が七月に完成したことに対し、尋尊は「犬前説教不立用事也」と超辛口のコメントをもらしている。尋尊は、富子が何をしても気に入らなかったのであろう。富子だけでなく、義政の優柔不断さ、十五歳の若い将軍の頼りなさ、この二人の背後でなんとか天皇家はじめ廷臣、寺社、武士階級を支えようと努力しているこの時代の富子の政治全般に、嫌悪感を募らせたのが尋尊であったと言える。

文明十二年の大土一揆の起こる直前の八月二十七日、幕府は「御料所関」を、寺社領・公家領を問わず設置したので、山科家や近衛家などの公家や東寺などの関設置場所の領主は、こぞって設置を疑問視していた。なぜなら内裏修理の一応の完成と天皇の帰還は十一年十二月に果たされていたからである（田端『室町将軍の御台所』参照）。

九月十一日に蜂起した土一揆は、下方（しもかた）から内野（うちの）（旧内裏）辺、北白川へと北方に拡大し、最初は放火などに限っていたが、十七日からは所々の土倉で質物を取り出している。質物取り出しには、常日頃土倉から借銭することが常態になっていた多くの公家や武家も、京や周辺村落の土民たちに「同心」して参加したので、諸大名によって組織された追討軍は、手出しできない状況に陥った。そのため十二月にかけて、質取りは周辺郷村の住民やその領主階級まで巻き込んで継続された。この大土一揆によって、関所を所有する公家や寺社の関銭収入は以後激減し、わずかに残った関所も、高利貸の代官請に切り換えられたので、そこからの収入は期待できない状況に陥っている（前掲書参照）。文明十二年の土一揆は、土民を中心としつつ公家や武家をも巻き込んだ、幕府に対する階級闘争であったと言える。

5　一条兼良の学才とその思想

一条兼良の人となり

尋尊の父一条兼良は、当代随一の「和漢兼帯の学才」と言われた学者・文化人である。八十歳で兼良が亡くなった日の『長興宿禰記』に「本朝五百年以来此殿程之才人不可有御座之由、有職人々令沙汰……」とあるほどの才人であった。兼良は応永九年（一四〇二）、関白一条経嗣と文章博士を務めた東坊城秀長の娘の間に生まれた。父の死により十一歳で急ぎ元服し、二十八歳のとき、従一位左大臣に任命されている。四十六歳のとき故義教夫人日野重子に頼って「宿願の関白」に任じられ（永島福太郎『一条兼良』）、天皇への『源氏物語』の御進講を行い、この頃から公武の詩歌会に兼良の参会が常に求められるようになった歌人で学者だった人である。公家で関白の地位にまで昇り詰め、学識豊かな文化人であるから、公家の家に生まれた義政実母日野重子や、義政正室日野富子と親しい関係にあったのは当然であろう。

応仁の乱が始まると、前述のように天皇は室町第に避難し、将軍家と同居することになった。兼良も七男厳宝が門主を務める山科の随心院に避難し、次いで屋敷一条坊門邸も焼かれ、文庫の蔵書も散乱し、生活も苦しくなったので、二年八月、五男の大乗院門主尋尊のもとへ下ったのであった。奈良では成就院に仮居し、一条家の重書を資料に、著述に専念したとされる。奈良に住んでいる時代に著したのが『花鳥余情』や『日本書紀纂疏（さんそ）』である。

その後守護大名斎藤氏や大内氏との交誼も深め、九年末には応仁・文明の乱が終わったことによる参賀のために上洛した。兼良は、この乱の終結に富子が大きな役割を果たしたことを見聞きしていただろう。

応仁・文明の乱が終わると、兼良の筆はいっそう冴えわたり、富子に請われて『源氏物語』を講義し、文明十一年『文明一統紀』、十二年『樵談治要』の二書を著し、二書は義尚に進呈し、さらにこのころ『小夜のねざめ』を著して富子に与えたという。『小夜のねざめ』の奥書（伏見宮邦高親王筆）によれば、本書は「文明の比（頃）、妙禅院（富子の院号）へ後成恩寺（一条兼良）かきてまいらせられ侍る」とあり、「大永六年（一五二六）八月二十二日」の年号が記されているので、義尚への二書のほか、富子に対しても、教訓書として『小夜のねざめ』を書き与えていたことが分かる。

兼良の義尚への教訓

では一条兼良は、義尚にどのような政治上の教訓を垂れ、また富子が政治に関わることをどのように評しているのか、検討してみよう。

『文明一統記』では次の六項目が立てられている。

一、八幡大菩薩に御祈念あるべき事、
一、孝行を先とし給べき事、
一、正直をたとぶ（尊ぶ）べき事、
一、慈悲をもはら（専ら）にし給べき事、
一、芸能をたしなみ給べき事、
一、政道を御心にかけらるべき事、

そして項目ごとにやさしく解説を加えている。

右の内容を見て気付くのは、自らが選定した「文明」の年号のなかで大戦乱は起こったが、富子の努力によって乱が終結したことを寿ぎ、文明年号が乱後も末永く続くことを願い、本書が書かれたことが推察できる。

本書の内容を読むと、義尚が将軍となった時に必要な徳性とは、武家の神八幡大菩薩を敬い、将軍家においては孝行を実践し、正直と慈悲の徳を大切にし、芸能を嗜むことも、政道を正しく行う力を養うために必要であると説いている点に特徴がある。

これ以後義尚が、和歌や蹴鞠などをこれまで以上に熱心に温習するのは、一条兼良の教えをよく守っていることを表す。文明十一年、義政は四十四歳、義尚は十五歳、富子は四十歳であった。これから将軍家となっていよいよ執政しようとしている義尚には、こうした教訓は必要不可欠であったと考える。

兼良の説く将軍像と御台所像

『樵談治要』は翌文明十二年七月に義尚に進呈された。兼良自身の奥書によれば、「大樹（将軍義尚）」から「政道詮要可書進由示給之間」とあるので、義尚自身から政治に関する指導書を書いてほしいと依頼されて執筆した書物であることが判明する。

本書の内容は、以下の八項目から成っている。

一、神をうやまふへき事、
一、仏法をたとふへき事、
一、諸国の守護たる人、廉直を先とすへき事、
一、訴訟の奉行人、其仁を選はるへき事、
一、近習者をえらはるへき事、
一、足かるといふ者、長く停止せらるへき事、
一、簾中より政務をこなはるゝ事、
一、天下主領の人かならす威勢有へき事、

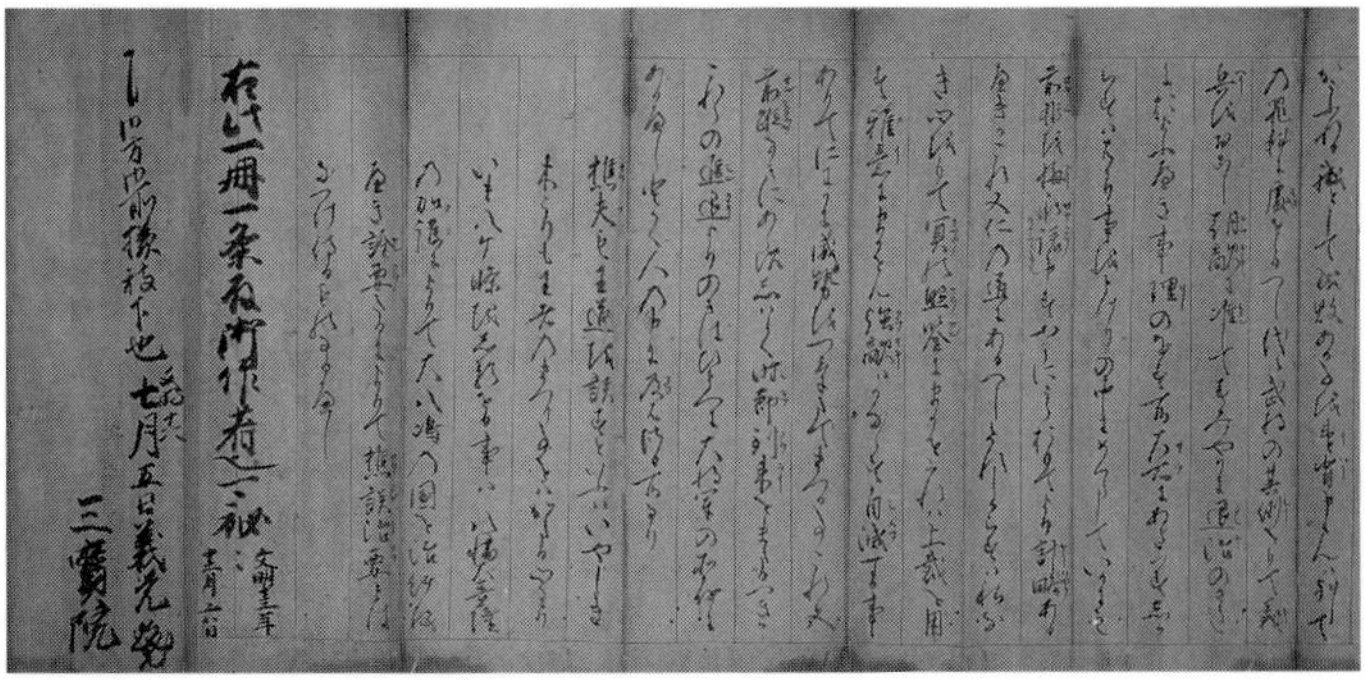

『樵談治要』奥書識語（京都国立博物館蔵）

第六項までの内容は神仏を敬い、仏法を守り、守護大名、奉行人、近習は廉直・有能な人を選ぶべきことを述べたもので、本著書が、いわば将軍家として行う政治の基本をやさしく解説した教科書であることが分かる。第二項の解説中には「将軍ハ武道を専に万民の憂を救うべし」「仏法に心酔するは誤り」とあるので、将軍はあまりにも仏法に心酔しすぎて仏法を王法の上に置くのはよくない、と警告していることも分かる。政治から退き趣味に没頭しながら、日明貿易の利や寺社への支配権を手離さない義政に代わって、一条兼良がこのような将軍教育の教科書を残してくれたのは、義尚にとって幸せなことであったと思う。

そして本著書の圧巻は、最後の七・八項である。ここで「此日本国をは姫氏国といひ、又倭王国と名付て、女のをさむへき国といへり」の言葉から始めた兼良は、天照大神、神功皇后、推古・皇極などの女帝の名を挙げ、宋朝の宣仁皇后は「哲宗皇帝」の母だが、「簾中なから天下の政道を、こなひ給へり、これを垂簾の政とは申侍る也」と日本古代の女帝や皇后から、宋朝の実例まで、女性が執政した前例を数多く挙げたのである。

次に兼良は、「ちかくは」と鎌倉時代の尼二位政子の例を取り上げ、「されは男女によらす、天下の道理にくらからすは、政道の事、輔佐の力を合をこなひ給はん事、さらにわつらひ有へからすと覚侍り」と結んだのであった。この部分は、義尚の実母富子が、尋尊大僧正が認めたように、応仁の乱中に実質的に義政に代わって執政し、応仁・文明の乱を終わらせるのに大きく関わっていたことを、さらに義尚の元服以後、富子が義尚の後見役を務めていることを、「女人政治」として是認している証拠であると考える。

同書の最後に、「征夷大将軍の務め」として、国の固めとして武力の行使を許されているのだから、代々の例に倣い、義兵を起こして、朝敵とされた者は速やかに退治の沙汰に及ぶべきであると述べている。この教えこそが後に、義尚に、六角氏など寺社本所領を押領している守護大名の討伐を決心させることになった大きな要因であったように思える。一条兼良の教育は、まっすぐに、十五・六歳の義尚の脳裏に焼き付けられたであろう。

6　義政と義尚を支え続けた御台所富子

義尚への政権委譲

義政は文明十二年以後、山荘の設置場所を探し、寺々を訪れ、小河第を出て長谷の聖護院山荘に隠れ、天皇が勅をもって帰第を命じても帰らず（文明十三年九月）、山荘づくりに熱中し、完成に近づくまで政務を義尚に譲らず、その一方で、生涯、禅宗をはじめ寺院を支配下に置き続け、また巨大な日明貿易の利も義政が独占し続けた。

いっぽう義尚が文明五年に将軍宣下を受けたことは前述した。しかし応仁・文明の乱中は義政自身が「大酒」に溺れて政治を顧みなかったので、御台富子の執政が続いたこともみた。文明十一年（一四七九）十一月、義尚は判始・評定始・沙汰始の三つの儀式を行い、ようやく政権を担当する体裁をつくることができるようになった。しかしこの頃、幕府に集まる要脚は大幅に減少していたようであり、尋尊は「要脚不足故入夜畢」と儀式も簡略化されていたことを述べている。

形のうえで政権が義政から義尚に委譲されたので、富子は義尚が政権運営を立派に始められるよう、翌文明十二年一月には禁裏女官に酒饌（酒と食物）を贈り、五月には一条兼良に二〇〇〇疋を贈り、七月には土一揆に立ち上がった前史のある地域の領主に、土民を成敗させた。こうした状況下で起こったのが九月の土一揆であった。そのため尋尊が言うように、七口関からの関銭は「一向御台之御物ニ被成之」との推測が世間に広がったのであろう。つまり富子の執政は、あくまで義尚を後見する役割から出た諸政策であったことが判明する。

朝廷を援助し続ける御台様

富子は朝廷に対して、文明十二年三月には朝廷儀式中最も重要な「県召の除目」に出銭している。「県召の除目」は文明七年以来途絶えていたのに対し、この除目で新将軍（義尚）が大納言に任じられる予定であることもあり、「武家」（将軍家）としてすべての要脚を支出することになった。「国役」として一国につき一〇〇〇疋（一〇貫文）ずつ、公卿以下「参役」

の人々には各三〇〇疋（三貫文）が与えられることとなり、幕府の役人である「公人（くにん）」への下行物は、御台が総額の半分を立て替えて与えている。このように富子は朝廷の儀式に対して、御台所として幕府を動かしつつ、自身でも大きな財政的援助を成していることが分かる。

十二月、富子は天皇家の勝仁（かつひと）親王（父は後土御門天皇、母は庭田長賢の娘）の親王宣下の儀式を、富子の居所小河第で行うよう取り計らい、費用不足分二万疋（二〇〇貫文）を立て替え、三献のお酌を務め、さらに三〇貫文と五〇貫文を進呈したという（『長興宿禰記』）。勝仁天皇はのち明応九年（一五〇〇）十月に後柏原天皇として即位している。

このように、富子は応仁の乱後も、朝廷への配慮を欠かさず、時に応じて天皇家に対して大きな財政的援助を続けていたので、幕府から御料所や関銭など公事収入として得ていた富子の資財は、文明十年代以後大きく減ることはあっても、増えることはなかったと思われる。

富子の様々な心遣い

ところが肝心の義政は政権を譲らず、文明十二年三月の『尋尊大僧正記』には、義政は毎日女房たちと連歌をしており、「女房連歌希代（きわめてまれな）事也」とあり、そのため「毎事不入御耳」つまり政務を聴かず、「天下作法不可久」との噂がもっぱらであると記されている（三月二十四日条）。こうした義政の状態を知ったためか、文明十三年（一四八一）正月には、富子の義政との仲は悪くなり、諸将も義政の命を聞かなくなったとして、年頭の参賀を受けず、義政は閉居してしまったのであった。

困ったのは義尚であり、髻（もとどり）を切り、公家廷臣が幕府に参賀した一月十日、義尚は彼らと会わなかった。このときも、救いの手を差し伸べたのは実母富子であって、一月二十日、富子主催の宴に、ようやく義尚は臨席したのである。

これ以後文明十三年中の富子の行動を概観すると、富子は義政と一緒に何度も参内するほか、二月、天皇に梅枝を献上して御製の和歌を拝領し、返歌を奉り、六月、義尚を伴って近江の葛川無動寺(かつらがわむどうじ)（明王院）に参籠し、九月、禁裏女官に酒肴(しゅこう)を贈ったのに対し、天皇は十月、富子宛に酒肴を下賜したのであった。十一月、後土御門天皇は富子から『古今和歌集』を借覧された。

このように、文明十三年、将軍としての権限は父から委譲されず、不満をためているであろう義尚のために、実母富子があらゆる手段を駆使して義尚を支え、義政をも支えていた様子が読み取れる。十二月、富子が侍女正親町三条氏を罰したので（『尋尊大僧正記』）、その所領は氏を放たれていた物領正親町三条公躬(きんみ)に返されることになったのは、富子が女房に対する処罰権を行使したことを示し、義尚と幕府に代わって、義尚の後見人として執政していたことを雄弁に物語る。

第四章　義尚の自立

1　義尚と幕府の政治始まる

文明十四年（一四八二）になると幕府の機能はかなり回復され始める。正月一日、管領畠山政長をはじめとして主だった武家や奉公衆、近臣たちが幕府に参賀する姿が見られた。

幕府の再建

天皇家でも、十日、廷臣たちが参賀に訪れたが、彼らは同日幕府にも参賀している。後土御門天皇は応仁の乱以来廃絶していた節会（せちえ）を復活しようと意図し、廷臣たちに元旦節会を温習させている。続いて、禁中では恒例の百万遍念仏を行い、幕府では十七日、弓始（ゆみはじめ）（弓場始）を復活させている。

このように御所が修造された内裏では天皇が朝儀をいち早く復活させていた。しかし義政は山荘建設以外のことには関心がなく、文明十四年に着手した工事を見物したり、部分的にしかできていなかった長谷山荘で連歌会や猿楽を行って（三・四月）、義尚に執政権を渡そうとはしなかった。未完成の東山山荘に義政が居を移すのは、翌十五年である。

義尚は文明十四年正月、滞在している政所執事伊勢貞宗邸で松囃子や猿楽を催したり、富子と共に参内して御宴に加わり、四月には天皇に絵画を見せるなど、天皇家との関係は和歌、笙、能など室町文化を通じて特に親密であった。これは文化を執政の資料としてその基礎に置くべきだという一条兼良の教えを、義尚が忠実に守っていたことを示す。

富子はこのように義尚と共に行動するほか、義尚より積極的に朝廷対策を講じており、二月禁裏番衆に酒肴を贈り、三月には観音懺法を蓮華王院（天台宗山門派の寺）に修させた時、義尚と共にこれを聞いたりした。また文化の面でも、文明九年の禁裏歌合に参加したことなど、天皇家や公家と共通の文化を、自身の教養の基礎として身に付けていた。前年の文明十三年十一月、後土御門天皇は、富子から『古今和歌集』を借りていたのである。

文明十四年五月、事態は動き始める。一日、義尚が伊勢貞宗邸から小河第に帰ってきた。後土御門天皇は太刀を義尚に贈って、このことを喜んだのであった。六月十二日には、改めて幕府で「沙汰始」（政務の評定や裁許を始める儀式）が行われた。七月には幕府は、東寺から訴えられていた備中国新見荘について、東寺に領家職を直務させるという裁許を下した。このような状況を知って、義政は七月十三日、義尚に政務を聴かせることを、ようやく承認したのである。長い政治的空白期間は終わり、同時に富子の役割も以後減少することになる。

富子のよき理解者 後土御門天皇

後土御門天皇は後花園天皇と嘉楽門院宣子の間の子として、嘉吉二年（一四四二）に生まれている。富子の生まれた永享十二年の二年後であるから、富子より二歳年下であったことになる。天皇は富子と同時代を生きた人であり、応仁・文明の乱中、天皇は上皇と共に室町第を行在所とし、さらに室町第も類焼したため、小河第、北小路行在、日野政資邸へと移徙していた。このように頻繁に行在所が移動したのは戦乱による火災が原因ではあったが、次々に居所が提供されたのは、富子の奔走によることは前述の通りである。特に、天皇家が室町第に避難した応仁元年九月には、禁裏には土岐氏が、仙洞には畠山義就が陣を取って占拠したことを、天皇は苦々しく思っていたに相違ない。よって後土御門天皇は西軍義就を長らく贔屓にした義政には許せないとの思いがあったが、将軍家のうち、富子には最も親しみを感じていたようである。和歌に精通し、天皇家や廷臣のために心を砕き、資金援助の労を惜しまない富子の姿は、むしろ頼り甲斐のある御台所と映ったに相違ない。天皇は一条兼良、吉田兼具、清原宗賢らと親しく交わり、歌道に通じて歌集を多く残しており、薨じた年は富子の亡くなった明応五年の四年後であった。

文明十四年五月一日、義尚が義政の居所であった小河第に移った日、天皇は太刀を義尚に贈ってそれを喜んだ。後土御門天皇は、誰よりも先に義尚が将軍職に就くのを望んでいたことが分かる。この天皇の祝意を見て、義政は政権を譲る決意を固めたのであろう。七月十三日、ついに義政は義尚に政務を聴かせることを承諾したのであった。

義尚の執政いよいよ始まる

義尚への政権委譲により、七月から幕府の裁許が復活する。七月から閏七月にかけての二カ月の間に、東寺に新見荘領家職の直務を認め、加賀国にある中院通秀の所領への那谷寺（なたでら）周応の違乱を停止させ、東福寺に命じて東寺領一橋（いちのはし）に対する棟別夫銭の賦課を止めさせ、京極高清が訴えた六角行高の近江高島での押領の件を、田中貞信らに対して高清を援助して行高を討たせることを命じている。以後幕府の裁許は力強く復活し、奉行人たち幕府吏員の仕事は倍増するのである。

義尚を支えていた第一の臣下は伊勢貞宗である。義政が政権を譲らなかった間、またこの後富子と不和になった一時期、いつも義尚は伊勢貞宗の邸宅に隠れている。

伊勢貞宗は義政から「御父」と呼ばれた伊勢貞親の子である。貞親妻は「御母」と呼ばれ、夫婦で義政を養育した。この先例に倣って、義尚は貞宗夫妻に養育された。文安元年（一四四四）に生まれた伊勢貞宗は二十三歳の文正元年（一四六六）、義政の仰せで伊勢家を嗣ぎ、文明三年（一四七一）伊勢守・政所執事に任じられている。のち文明十五年（一四八三）には従四位下、長享元年（一四八七）山城国守護職となっている。貞宗夫妻に養育されたので、義尚の執政が始まるや、最も将軍の信頼厚い家臣となったのであった。

文明十二年五月、義尚は髻を切って遁世しようとした。幕府政治の実権をなかなか譲らない父親に悲観したためであろう。このような義尚を諫止したのが貞宗であった。義尚の後ろには常に伊勢貞宗の姿があったため、応仁・文明の大乱を終わらせ、京都を将軍家の元に返した政治家として当時の人々に讃えられたという。二木謙一は父貞親の専横を諫めて「閉居」を命じられたことすらあった「堅実派」だとその性格を讃えている（「伊勢流故実の形成」『國學院雑誌』六八‐六）。また貞宗は裁許だけでなく多くの問題に対処する能力を身に着けており、射芸、詩文、和歌、連歌に優れ、武家殿中の諸儀礼、故実にも精通していたので、御厨別当（将軍家の食物を調理する台所の長官）や殿中総奉行を務め、多くの故実書を書写し相伝し、伊勢流故実を大成した人でもあった。

義政から政権を譲ってもらえない青年期に、和歌、連歌、猿楽から射芸に至る広い室町文化に対して強い興味を持ち続けた義尚が、この貞宗に安心して身を任せられた理由は、貞宗のこの広い教養と堅実な人柄にあったのであろう。

文明十五年二月、義尚が髻を切って出家しようとしたことがあった。これは、三年前に正室を日野家から迎えていた義尚が、「侍女」万里小路冬房（ふゆふさ）の娘命子を寵愛したので、富子がその第を出た事件と関連があった。富子は自邸を出ることによって義尚に反省を求めようとしたのだろう。続いて行動を起こしたのは、当時四十歳の貞宗であり、この時、厳しく諫止したのであった。父貞親の教訓をよく守っている堅実な、しかし文化的教養も豊かで儀礼にも精通した申し分のない家臣貞宗があってこそ、義尚時代は順調に船出できたのであろう。

2　文明末年の将軍家と幕府

幕府機能の復活

文明十五年から十八年までの間、従来通り将軍家は三つの家から成っていたが、幕府機能は力強く回復している。幕府は、義政の東山山荘完成に向けての銅銭確保のための遣明船の警護を、薩摩守護島津氏に命じたり（十五年九月）、紀伊守護畠山政長に対し、願成寺領を守護使不入の地として、臨時課役停止を命じたり（同九月）、朝倉氏景と甲斐八郎の和解を受けて、氏景を越前守護代に、甲斐敏光を遠江守護代に、織田敏定を尾張守護代に補している。

幕府は朝廷からの命も尊重しており、山城守護畠山政長が兵糧料を諸社寺・諸家領に課したのに対し、近衛政家（このえまさいえ）の訴えを容れた天皇の命令により、近衛家領五箇荘の課役を免じさせている（同六月）。また八月には、摂津多田院の訴えにより、守護代薬師寺元長に、院領多田荘などの地に、東山山荘の造営段銭催促を停止させている。

文化に浸り、幕府行事にも和歌会や猿楽を取り入れた将軍義尚や、山荘造営段銭を課し、住居である長谷山荘の番衆や僧侶に東山山荘の警護をさせ、完成を待たずにここに移って、ようやく西指庵、東求堂、会所などを造り上げた義政に対して、幕府は協力しつつも、是々非々の判断基準をもって、寺社本所領への段銭催促停止を裁許として決定していることが分かる。天皇家から回された問題に対しても、幕府は三条実隆が天皇家に訴えた転法輪三条実量家領尾張福永保の件に関し、女房奉書が幕府に下され、幕府はその命を実行しているのである（同十月）。天皇家と将軍家の協調関係は、文明年間の後半には、このように幕府機構が復活したことによって強固にさえなっていたのであった。

東山山荘の完成

東山山荘造営はまさに義政のライフワークであった。もともと建築や庭園造成に強い興味を持っていた義政は、応仁の乱の始まる直前の文正元年の六月、山荘の構想を練るため、近衛氏からその旧邸の図を借りている。そして十二月には斎藤と松田という二人の幕府奉行を美濃国に遣わし、山荘造営のための材木を検閲させてもいた。しかし応仁・文明の乱が起こり、幕府の威信が急落したため、乱の終息した文明九年頃より再開し、幕府内で命令系統を持ち続けるため、寺社関係の政治と、日明貿易の権限は、絶対に、義尚に譲らなかったのであろう。

足利義政
（国宝。東京国立博物館蔵／Image: TNM Image Archives）

山荘建設の財政的基礎は、『室町将軍の御台所』で述べたように、日明貿易によって得た、一度に五万貫、一〇万貫という巨額の銅銭のほか、幕府が設置した御料所を「御山荘料所」に替えて、代官は幕府吏員や公方御倉、また番衆に任せ、公租として材木や銅銭を守護から収納したり（『蜷川家文書』）、山荘要脚段銭を諸国に課して土岐氏・山名氏・赤松氏などから一万匹、二万匹など多くの費用を捻出していた（前掲書）。こうして集めた銅銭は公方御倉定泉に保管されたのである。特に山城国内の荘園には、山荘建設のための人夫提供や費用の負担が重なり続けたので、文明十七年から十八年にかけて起こった山城国一揆で、将軍家は厳しい批判にさらされたのである。

つまり文明十一年十月頃には山荘建設地を岩倉や嵯峨などで探していた（『尋尊大僧正記』）義政が、十四年、浄土寺山の山麓に適地を見つけ、造営に邁進し、十五年には完成を待たずにここに移ってきて、西指庵、東求堂、会所などを建て、庭園造りにも自身の趣向を凝らしたのであった。

このように長年温めてきた夢を現実のものとするには、大名や幕府吏員、また段銭などを負担する地下人や荘園領主層への命令系統を手放すことはできなかったため、将軍という大きな権力の振るえる座に、いつまでも居座り続けたのであろう。

軽くなった富子の役割

富子はこの間義尚との関係が悪くなった時に政治の表面に登場するが、それ以外は公家近衛政家に物を贈ったり（文明十六年正月）、大神宮に参詣したり（十六年八月）、長谷観音など寺社に参詣したりして、悠々自適の生活を楽しんでいた。しかし義政の「御台所」で義尚の実母であることには代わりはなかったことは、諸大名家から折りに触れて礼物が進上されていることから証明される。

たとえば村井祐樹の『戦国大名佐々木六角氏の基礎研究』には、文明十年から十七年までの間の「六角氏・伊庭氏付け届け一覧」表があり、「上様」富子には十年中に四度、十三年中に三度、十七年中に三度の進物があったことが明らかにされている。このうち富子単独で進物を受けたのは十年二度、十三年一度である。その他は必ず「公方」「上様」「御方御所」あるいは「三御所」とあるので、文明十七年までは確実に義政・富子・義尚の三人（三家）によって将軍家は成り立っていたこと、つまり田端が『日本中世の社会と女性』以来述べてきたように、将軍家は三つの家から成り立っている状態が続いていたことが分かる。品目は草花、瓜、納豆、鮒鮓などで、「三御所」や伊勢氏の分を合わせて、五〇籠や一〇〇籠という大量の祝儀の品を六角氏は贈っていた。

送り手の六角氏は久頼の子高頼（一四五五〜一五二〇）である。村井によると、高頼は応仁の乱では西軍に属し、応仁元年十月までは京中で戦闘に参加していたが、十月以降近江に帰って京極方と戦った。しかし応仁二年三月に居城観音寺（かんのんじ）城を失い、いったん降伏した。代わって近江では京極持清が近江半国守護となった。しかし文明二年に持清が没したため、六角方が盛り返し、高頼の近江回復は果たされる。その後は美濃の守護代斎藤氏と連携し、国人領主層の掌握に努め、国内寺社領の所領を安堵している。

文明九年、先述のように、応仁の乱が富子の斯波氏、大内氏など西軍への和平工作によって終息すると、十年二月、六角高頼も正式に赦免された。赦免には思わぬ副産物が伴っており、六角氏に押領された所領の返還要求が諸寺社から幕府に相次いで出され、幕府は返還を命じる奉行人奉書をこの年だけで「五点」を出したとされる（『戦国大名佐々木六角氏の基礎研究』）。乱前の領主による失地回復の行動が噴出したためであろう。先述のように乱前の領主による本所領回復の動きは、幕府奉行人層の奮闘をも味方に付けて順調に滑り出すはずであったが、乱を経験した在地の状況は、乱前とは一変していたのである。

3　山城国一揆の勃発と将軍家の対応

南山城の国人たち

文明十七年（一四八五）十月、応仁の乱勃発の約十年前から対立していた畠山氏の政長方と義就方の合戦は、山城・大和・河内で乱後も継続され、とくに幕府のある京に近い南山城では、両軍に動員される兵士や人夫の負担が増大していた。こうした状況の中で、文明十七年八月一日、山城・大和・河内で徳政一揆が蜂起し、九月十八日には畠山義就が大和の国人秋篠（あきしの）氏を大和で攻撃し、秋篠氏は堪らず山城賀茂に逃亡するという事件が発生した。十月十五日には、義就党（派）の山田氏などが政長党を大和福住城に攻めている。十一月二十五日、今度は政長党が義就党を大和多田城に攻めて陥れ、染田の寺を焼いている。このように畠山政長党と義就党の合戦は、文明十七年の段階には九月から十一月までの三カ月も山城で続いていたことが分かる。

これを見た南山城の国人（上は六十歳から下は十五・六歳）が十二月十一日に集会を持ち、両畠山軍は南山城の地から撤退せよと決議したのである。

一五・六歳は成人儀礼が行われる年齢であり、六十歳は村落でも乙名と見なされる年齢である。この場合の「国人」とは村落の土豪層や有力百姓をさし一般百姓、下人などは、国人の集会を取り囲んで成り行きを注視しており、集会の正式メンバーには入っていなかった。国人たちは両畠山軍の南山城からの完全撤退を求め、撤退しない場合は攻撃するとして毅然とした態度で交渉し、「去状（さりじょう）」まで書かせて撤退させていた。

この時、国人たちは「国掟法」三カ条を制定していた。

(1)「自今以後」「両畠山の者、國中に入るべからず」

(2)「本所領ども各々もとの如くたるべし」

(3)「新関など一切これを立つべからず」

さらに(4)「諸本所領」は「直務」とし、大和以下の他国の輩を代官として入れてはならない、(5)「成物」（年貢）を荘民は「無沙汰してはならない」、の追加二条を加えていたのである（『大乗院寺社雑事記』『大乗院諸領納帳』）。

この国掟法の記載によって、両畠山氏の軍勢を撤退させ、迷惑な合戦を終わらせて、地元南山城の国人層のみが本所領の代官となり、荘民たちには年貢を各荘園の代官のみに提出させることが、国人たちの目的であったことがよく分かる。

そしてまた幕府とくに日野富子が応仁・文明の乱を終息させたことにより、文明九年以後、幕府は荘園を元の持ち主に返還する裁許状を多数出したことは前述した。元の領主に領地や屋敷地を返させ、その代わりに幕府が段銭・棟別銭や関銭を徴収して、御所・室町第などの修造・新造に充てたり、関銭を幕府や将軍家の諸費用に充てるという決定をも下していた。乱後のこのような幕府方針を認めたうえで、南山城の国人たちは、他国の武将たちがいつまでも合戦を続けて南山城に安寧をもたらさないことに怒り、外部の武将の撤退と荘園の元の持ち主への返還と、荘園代官には南山城の国人や土豪層を任じることによって、荘園領主への年貢貢納を保証するという、荘園領主にも、代官層をつとめる国人・土豪層にも、百姓や下人たちにも、つまり両畠山氏とそれに与する国人層以外の人々の利益を追求するために、考え出したのがこれらの掟であった。

この国掟法は翌十八年二月十三日、宇治平等院での会合でさらに充実が図られ、「月行事」設置と半済実施まで定めている。月行事となったのは「三十六人衆」と呼ばれる国衆（国人領主・土豪たち）であり、彼らは荘園で代官として年貢の徴収を取り仕切り、また日常の政務とくに検断権の行使を彼らが握っていたので、その経済的基盤として、文明十八年に限っての「半済」を実施することになった。南山城すなわち宇治川以南の地域の荘園の元の持ち主は、乱前の所領を返還されたのはよかったが、十八年度の年貢収入の半分は国衆に取られることになったのであった。

文明末年の幕府政治と山城国一揆の関係

ここで文明十七年十二月に山城国一揆が起こる直前の幕府政治について見ておこう。

八月一日に山城・大和・河内で徳政一揆が一斉に蜂起したのも、これらの国の人々が両畠山氏によって合戦に動員されたり、攻撃された地域であったことと深く関わっていたことはいうまでもなかろう。下人、百姓から土豪、国人領主に至るまで、政長と義就に対しては大きな怒りを蓄積していたのである。

一方将軍家では十七年八月十五日、義尚は飯尾元連(もとつら)以下三十三名の奉行衆の罪を赦し、義政もこれに追随して、二十一日に元連を公文奉行に任じている。このように、義尚の執政が軌道に乗り始め、義尚は寺院の所領の荘主職の補任権を握り（十二月）、また清貞秀を東寺奉行とする（十二月）など、幕府奉行人を掌握していたので、彼らを通じて寺院統制の権限を義政から譲り受け、執政を始めていた。また相国寺からの訴えを受けて、細川政元被官などを門前家地より退去させる（十一月）など、武家に対する命令権を、将軍として握っていた史料も残している。つまり義政は寺社に対する統制権の全権を義尚に譲ってはいなかったが、かなりの部分は譲る意思を持ち、また譲り始めていた。義尚の将軍としての立場は、幕府奉行人や奉公衆を構成する武士階級からは歓迎の目で見られていたことが分かる。

しかし義尚と義政の二重政権の下、将軍の直臣である奉行層にだけ一致団結を求めることは無理な話である。文明十七年年中に、奉行人布施(ふせ)英基はその子息や飯尾為忠兄弟と義政の召しに応じて義政に閲し、次いで幕府に出仕したところ、義尚の侍臣たちが怒って、英基や為忠など四人を殿中で殺害するという事件が起こっている。将軍家の執政権の分掌という特異な現象は、社会不安をも呼んでいたことになる。

御台所富子の動向

いっぽう義尚生母富子に関しては、文明十二年九月の大土一揆の原因を、それ以前の富子の土一揆成敗命令によるとする『尋尊大僧正記』の記述はあるが、この年十二年二月ごろに義政が腰の腫れ物に悩み「我ハ不可久」などと弱気な発言をしていた時、富子はこれを聞いて「我も公方御座ありての事也」と言って、後世菩提のための真如堂の四十八日念仏に奉賀していることを前述した（『尋尊大僧正記』）。つまり義尚の後見役は引き受けているが、義政・義尚に代わってまで執政しようとは富子はまったく思っていなかったことになる。応仁・文明の乱中から文明九・十年ごろとは異なり、文明十一・十二年以後、富子が政治に関与した形跡は見られないので、尋尊の「御台による土一揆成敗命令」も、まったくの憶測にすぎなかったことが判明する。富子に関しては、文明十五年吉田社に一〇万疋を寄進した史料が残る。吉田社はこの寄付によって太元宮を造営したとされる。そして翌十六年四月と文明十七年九月、伊勢大神宮に参詣した史料が残るのみである（文明十七年の参宮については田端『室町将軍の御台所』参照）。御台は政治の前面を退き、義政、義尚の背後から政権の安定に寄与しようとしていたことになる。

ただし文明年間後半の御台については、伊勢参宮の際の奉行は幕府奉行がすべて差配したのではなく、「上様」富子の家の抱える奉行との連署で、荘園領主に対し輿舁（こしかき）人夫の提供命令を出していることに注目しておく必要があろう。富子の私的な参宮旅行とはいえ、将軍家正室の参宮であるから、幕府奉行布施英基と御台所の家の奉行松波（まつなみ）頼秀（日野家内者と呼ばれている）の連署奉書で、命令が伝達されたのであった。御台所富子の家の奉行としては、他に杉原賢盛の名も史料に残されている。

ただはっきり言えることは、文明十七・十八年の将軍家は、畠山氏の、山城、大和、河内三国国人層や細川氏被官を巻き込んでの、応仁・文明の乱以前からの長期にわたる合戦に的確に対処できなかったばかりか、合戦に動員された百姓や土豪・国人層の苦しみをまったく考慮すらしていなかったことが、山城国一揆を勃発させた第一の原因であったと考える。

伊勢貞陸の山城守護就任

将軍家の義政から義尚への、権限移行の進まない状況を見て、幕府は文明十八年五月、義尚の信頼厚い幕臣伊勢貞陸（さだみち）を山城守護職に補した。しかし南山城の国人層の結束は堅く、南山城三郡には入部できなかった。翌長享元年（一四八七）十一月、明応二年三月にも伊勢貞陸を再度守護に補任したが、やはり入部はできなかった。守護の入部すら拒否するほど国人層の一揆結合は強固であったのである。

4　長享年間の御台所富子

富子・義尚の明王院参詣

長享元年六月、四十八歳の富子は義尚（二十三歳）を伴って葛川明王院（かつらがわみょうおういん）に参詣した。これ以前に富子は文明十三年（一四八一）九月にも義尚と共に明王院に参詣している。義尚が将軍職に就いてから二度も参詣したことになる。

明王院は平安時代には無動寺と呼ばれ、天台宗の回峰行の道場であったが、建武元年に明王院の院号が定められた、現在の大津市葛川坊村町にある古刹である。明王院には平安末に作成された千手観音像、不動明王像、毘沙門天像が安置されているので、武家の棟梁として鈎（まがり）出陣を控えた将軍義尚の武運長久と、義政、義尚、そして富子の、健康と長命を願っての参詣だったのだろう。

葛川明王院（滋賀県大津市葛川坊村町）

観音菩薩は、人間の七つの苦難を多くの目や手によって「除災招福」してくれる菩薩である。来世での救済と現世での利益の両方を叶えてくれる菩薩でもあった。富子は観音信仰を自身の基本的な信仰としていたように感じる。

というのも、第一に応仁・文明の乱で焼失した京都の清水寺本堂が乱後の文明十六年六月に再建され、二十七日に本尊遷座供養が行われて、勅使もこれに臨んだことが『御湯殿上日記』などに見え、それ以前の文明十三年八月に、御台富子が山科の地に高水寺を再建したことが『山科家礼記』に見えるからである。

山科小山高水寺の観音像

高水寺（香水寺）は保元年間（一一五六～五九）から山科の東北部分の村落小山（こやま）にあった寺である。保元三年（一一五八）の『勧修寺文書』には、安祥寺の相論相手の一つとしてその名が残っている。また『山城国山科郷古図』にも高水寺が書き込まれており、十五世紀後半成立とされる横川景三の『京華集』（けいかしゅう）には、次のような記載がある。

「高水寺は山科音羽の郷小山に在り、蓋し従一位大夫人の山荘也、西山玉巌首座を以て、住持を主らしむ、殿に千手の像を安んず、清水寺の大士と同材・同作なり、霊験比類無し、去る歳の秋大夫人車駕を寺に入れて、乃ち此の山に登りて和歌二篇を詠ず、国人之を栄とす、初の一編は鹿を詠じ、後の一編は瀑（滝）を詠ずるなり、清水と曰い、音羽川を以て源と為すと云々」と。

つまり富子は再建清水寺の本尊千手観音と同じ材を用いて、同じ作者に高水寺の観音像を造らせ、清水寺の本尊遷座供養に先立って、荒廃していた高水寺を文明十三年に再建し、その後高水寺のある小山（音羽山）にやってきて、鹿と清流音羽川の源である滝を歌題とする和歌二首を詠んだのであった。

富子の高水寺再建と山科の惣結合

実は小山高水寺（香水寺）と御台所との関わりは応仁元年から始まっていた。応仁元年十二月、幕府は「山城国山科小山香水寺」と「同寺領等」を承泰蔵主に与えており、この地は元主鷹蔵主所有の地であったことも書き添えていた（『山科家礼記』）。この幕府の命に対応して、二月五日、承泰蔵主の使者が高水寺を受け取るためにやってきたところ、対面した小山の地下人数十人は承泰蔵主と山科家の使を押しとどめ、「上意とあらば余儀ないことだが、谷中の事は七郷（山科七郷）として談合することになっているので、一言七郷の寄合がなくては事を進めるわけにはいかない」と返答して、使を押し返したのである。

小山の地下人たちが承泰蔵主の使者に激しく抵抗したのには理由があった。高水寺は室町期、一色氏の「内者」（家臣）三上氏の寺であり、一色氏は応仁の乱では西軍に加わっていることが判明する。しかしこの事件の背後にはもっと重要な事項が隠れていた。つまり「七郷之ヨリアイナクシテハ不可叶」と小山の地下人たちが述べていることから見て、応仁三年二月には「山科七郷惣郷」が成立していたことが分かるのである。

前述のように、翌三月には七郷中の大宅郷の弥九郎右衛門の馬が五条辺で西軍の者に取上げられるという事件が起こり、のちにこの犯人は畠山義就の家臣甲斐庄氏の被官「はしわ」であることが分かった。このように山科七郷内でいくつかの事件が重なったため、東西双方から味方に加わるよう誘われた山科七郷は、結局東軍に参加することになった。しかしその代償は大きく、応仁三年六月二十九日、西軍は山科・醍醐に攻め寄せ、火を放ったので、山科は七郷中六郷が焼失するという大被害を被ったのであった。

応仁・文明の乱はこうした苦難を周辺村落に味わわせた大乱であった。この傷跡がようやく癒されたであろう文明十三年、荒廃していた高水寺を再建するために、幕府は普請人夫を山科七郷に課した。このときの奉書に「山科高水寺事、上様御建立之間」とあるので、文明十三年の高水寺普請の主体は御台富子であったことは明白である。そのため山科家領分として普請人夫一〇〇人、山科七郷全体では二〇〇人の人足が課された。この賦課に対し、九月十二日に五二人、十五日三六人、十六日三六人、十七日二一人、十八日一五人、計百六〇人の人夫役を七郷は勤仕したのである。人夫を出すのを難渋した三カ村には改めて幕府奉行人奉書が出されている。一部足並みの乱れはあったが、幕府の初めの要求に対して、まず八割の人夫が出されていることは、山科七郷は御台富子の高水寺再建に積極的に協力したことになると思う。山科七郷住民にとって、富子は応仁・文明の乱を終わらせ、内裏を修築した、頼り甲斐のある御台様であったので、荒廃した高水寺の再建にも協力したのであろう。

高水寺の再建問題に着目することによって、応仁・文明の乱を終息させた富子の力量と、この再建問題が大きく関わっていること、山科七郷郷民が富子の高水寺再建に協力したこと、またそれは文明年間の後半、富子が義政、義尚の背後にいながら、政治の安定に努力していたことを、山科住民たちが評価してのことであることを、気付かせてくれたように思う。

山城国一揆解体後の政治情勢

義尚・義政の背後で幕府政治を後見する富子の姿は、山城国一揆解体後の政治情勢とも関わりがあった。山城国一揆解体後、南山城を含めた山城国は「御料国」とされたことを前述した。山城国の北と南を分けるのは宇治川と巨椋池（おぐらいけ）であるという（井上満郎『国史大辞典』「山城国」の項）。北山城には平安京以来都が建設され天皇家・公家・武家が集住し、都に住む住人たちは周辺村落の住民同様、都の経済を担い、生活物資の生産、運搬、販売によって生活を成り立たせていた。そのため、京の七口などに幕府が関所を設けたり、所の領主に対して関所設置許可を出すことには敏感に反応し、周辺村落と協力して、しばしば土一揆を起こし、また京中の土倉に借銭がある武士・公家とも協力して、徳政一揆を起こしたのであった。

南山城は一部山岳部を抱える農村地帯であったので、室町期の幕府政治によって直接的な影響は受けにくかったのに、応仁・文明の乱が起こる十年前から、両畠山間で合戦が勃発し、文明十四年から十七年まで畠山義就が南山城を実力支配し、人夫に動員されるばかりか、河内などの分国から都への軍勢や物資上下移動の通路として戦場になったため、堪らず住民たちは「山城国一揆」を起こしたのであった。

国一揆側が両畠山軍の撤退を国掟法の第一条に掲げた理由はここにあったと考える。そして国一揆は相楽・綴喜二郡の土地を元の持ち主に返すことを二条に掲げたので、大和の守護興福寺の尋尊は国一揆を評価したのであった。三条には「新関など一切これを立つべからず」を挙げているのは、南山城の国人・土豪・百姓たちすべての要望がこの点にあったことを示している。

ここで一揆終了後に政治課題となった「御料国」について考えてみる。幕府は一揆終了後の文明十八年から延徳二年まで、北山城五郡の守護に伊勢貞陸を任命した。貞陸は明応二年から六年にも守護を拝命している。その間の文明十七年から明応二年まで、南山城では、国一揆が守護職を代行したと考えられる。

このような守護不在現象が生じた理由は、南山城の国一揆だけでなく、文明十七年に、先述のように畠山氏の領国・戦場であった河内、大和、北山城・南山城で、山城国一揆発生前から徳政一揆が起こり、南山城の国一揆が三箇条の掟を定めた文明十八年二月の六カ月後の八月にも、北山城で徳政一揆が起こり、東寺に籠もった一揆方は東寺に放火している。またその前年文明十七年の三カ国での大徳政一揆蜂起の原因は、五月に侍所所司代多賀高忠が京都の七口に新関を設置したが、翌六月に細川政元がこの関所を破却し、またこの時期、幕府奉公衆と奉行衆の争いが熾烈になり、飯尾元連らが襲われ、義政が出家するという、室町幕府統治機構の弱体化が露呈されたためであった。つまり南山城国一揆は、こうした土一揆勢力の高揚に加えて、将軍家の世代交替、幕府機構の弱体化を捉えた巧みな戦術が幸いして成立した国一揆であったと言える。長享元年以後は加賀の一向一揆勢力が急速に増大し、義尚に従って近江に従軍していた守護富樫政親は急遽帰国したのであった。

北山城と南山城が一体となって守護領と見なされるようになるのは、永正五年（一五〇八）に大内義興が山城守護に任じられるまで、つまり文明十七年（一四八五）の国一揆の始まりから数えて、二十三年の歳月を経た後であった。

この二十三年間は、山城国は守護領ではなく「御料国」になっていた。御料国ゆえ、幕府直勤の御家人で、義政や義尚の養育に当たった伊勢氏が守護に任じられたのは道理と言えよう。

そして山城が御料国となったもう一つの理由は、国一揆の要求の二条にもあるように、武家に押領され、蹂躙されていた所領を元の持ち主に返すためであり、これは文明九年からの幕府の方針「諸本所領の返還」を背景にした、幕府公認の施策であった。前述のように富子の努力によって応仁・文明の乱が終結し、幕府は文明九年から裁許状を出して寺社・公家への所領返還を力強く実施し始めていたからである。山城国一揆がこうした幕府方針に則って三箇条の要求を決定したことが、土一揆の支配を長続きさせ、また幕府が山城守護に伊勢氏を任じた根本的な理由であった。

義尚の鈎出陣とその死

長享元年、将軍義尚は六月に母富子と葛川明王院に参籠したあと、九月十二日、六角高頼討伐のため、軍勢を率いて近江坂本に出陣する（『長興宿禰記』など）。鈎の陣についてては、今谷明、榎原雅治、小池辰典、山田康弘らによって考察が進み、その意義が解明されているので、詳細は各氏の研究に譲ることにし、概略のみ述べることとする。

鈎へと将軍義尚自らが出陣することになった直接的な契機は、この年七月に奉公衆が近江の所領を返還するように要求した点にあった。そして八月中は追討対象である六角、土岐、朝倉と交渉する傍ら、遠征準備を整えた幕府軍は、九月十二日に坂本へと義尚が出馬し、二十日ごろから六角氏を攻撃し、二十四日に観音寺城を奪い、十月四日義尚は陣を坂本から鈎に進め、そこに駐留し続けた。そしてここで義尚は発病し、しばらく鈎に足留される事態となる。

若い室町将軍が、自ら多くの武家（奉公衆や番衆、守護大名軍）を率いて堂々と出征する姿を、この時代の人々は見たことがなかったので、見物した人々は「真の征東大将軍なり」（『蔭凉軒日録』）と感嘆の声を上げたのであった。

翌二年には将軍義尚の寵臣である結城政弘、尚隆兄弟ら義尚近臣（近習）中の「評定衆」の専横が激しくなり、遠征軍のなかで対立が深まり、また近江以外の地では加賀の一向一揆が富樫政親の高尾城を攻略したため政親は自殺したので、遠征軍中に動揺が広がった。京都では九月に土一揆が蜂起している。播磨や近江でも守護大名クラスの合戦は所々で起こるようになっていた。しかし義尚の病は回復せず、長享三年三月に没したので遠征軍は解体されることになる。

近江征討に公家たちも参陣

義尚の近江出陣は、御料所や寺社本所領、義尚近臣など幕府吏員の所領の返還（取り戻し）という公武の大きな期待を担っての出陣であった。将軍義尚の出陣に拍手を送ったのは全国の荘園領主（公家・寺社）や幕府の吏員たちであった。義尚出陣時の着到状には、多くの公家衆、諸大名、幕府奉公衆（番衆）、奉行人の名が見える。戦国期の若手研究者である小池辰典は、この陣に二一家の大名が参陣したことを明らかにしている（「『応仁の乱』後、足利将軍家は没落したのか?」山田康弘編『戦国期足利将軍研究の最前線』所収）。

若い室町将軍家が自ら多くの武家（奉公衆や番衆、守護大名軍）を率いて堂々と出征する姿を、この時代の人々は見たことがなかったので、義尚に対して「真の征討大将軍也」と、見物衆は賛辞を贈ったのであった。

遠征に参加し、着到状の最初に記された公家衆とは、日野政資、飛鳥井雅俊、高倉永康とその父、広橋守光、烏丸冬光、伯（白川）資氏であり、善法寺（田中氏）や北野松梅院、官務小槻雅久の名も挙げられている（『長興宿禰記』）。また出発時、聖護院道興が加持を行い、勘解由小路氏が博士として、上地院、竹田法眼、祐乗坊が医師として随伴していることも分かる。

驚かされるのは、日野政資ら公家自身が鎧・直垂を着て馬に乗り、甲冑を着けた数十騎の侍を従え、歩行の群衆数百人を召し連れていたなどと『長興宿禰記』が描写している点である。出陣した公家衆は、武士と変わらない出で立ちであり、多くの従者を引率している点でも、この時代には公家と武家の垣根がかなり除かれていることが分かる。烏帽子・直垂は鎌倉期から武士階級の日常の着衣となっていたからである。

出陣する公家衆は、まず禁裏に出向き、後土御門天皇に拝謁したあと近江に下向したので、土御門有重、勘解由小路有通らも、前記公家衆に続いて出陣し、北野松梅院や小槻氏も、甲冑を用意して坂本に下向した。大宮長興は「前代未聞之儀也」と驚いている。

天皇は禁裏で公家衆の行粧を見物した。公家衆らを率いて将軍義尚が出陣したので、禁裏の警護は山科家や幕府が行えなくなり、山科家の荘園がある山科七郷の郷民に任されている（『御湯殿上日記』）。長享元年の出陣は、公家衆にとっておそらく初めての戦闘参加のための出陣であっただろう。積極的に出陣した公家のうち、広橋・烏丸は日野流であり、飛鳥井は歌と鞠、高倉は装束と衣紋で室町将軍家に重用されていた。役目柄随従した博士・医師などを別として、出陣公家たちは日野富子の実家日野家に近い、実務官僚である中級以上の公家であることが分かる。広橋兼顕は南都伝奏、武家伝奏を務めたが、文明十一年（一四七九）に亡くなったので、養子守光が従軍した。烏丸資任は義政の養父となった人である。各公家には、義尚に従って「御相伴衆」として参陣する理由が明確にあったのである。

この後高倉永康の孫永相は、足利義昭時代に将軍に従って出陣し、織田信長に包囲されて降伏したが、子永孝とともども信長・秀吉に接近し、竹田村などの知行安堵を受けることになる。

このように見てくると、義尚の近江征討は、公家に武家奉公への道を確実に開く端緒となった事件であったと言える。

富子の見守りと援助の様相

鈎の陣の間、御台富子はどうしていたのだろうか。土岐家は義尚の追討対象三家の内に入っていたが、土岐嗣子の政房は長享二年四月、父親成頼などと共に陣所坂本に入り、五月には政房は大御所義政に出仕を遂げ、十二月には富子の「執り成し」によって父親で当主である土岐成頼の出仕が実現し、成頼は武田氏ともども、応仁の大乱以来の在国を止め、在京を再開したばかりか、宝鏡寺領、山科家領（二木郷、革手郷、久徳五カ荘）、三条西家領の年貢送進を再開したという（小池辰典「鈎の陣にみる戦国初頭の将軍と諸大名」）。

このように、義尚の背後にいた御台富子は、応仁・文明の乱後の幕府の基本方針である「寺社本所への所領返還」を実現するべく、義尚近臣や奉公衆、番衆、二一の大名衆によって成る二万三〇〇〇もの軍勢を率いて近江に出陣し、近江以外の地でもそれが実現されるまで軍を解こうとしなかった義尚の、将軍としての任務遂行を側面から援助していた。尋尊は九月十二日「今日公方御出陣」と書き、「寺社本所領無正躰之間御進発之由被仰」出陣されたと記している。前述のように公家衆は日野、烏丸、広橋、高倉、伯や善法寺、三宝院などが前日から見送り、「御台」富子は三条東洞院に桟敷を作って見物した。さらに義尚の出陣意図が諸本所領の元の持ち主への返還にあったことについて、公家や寺社は「御所存難有々々」と喜んでいたのであった。

長享二年の年末以後、近江の興福寺領豊浦荘などから年貢が入り始めているので、この遠征の効果はあったものと考えられる（『尋尊大僧正記』）。

富子の鈎訪問

義尚への後見が効を奏し、義尚との仲が修復された富子は、ほぼ一年間の岩倉山荘金龍寺での別居生活を止め、長享二年十二月、元の居所である小河第に戻ってきた。そしてすぐさま近江鈎の陣へと義尚に会いに出かけるのであった。鈎行きの準備のため、長櫃に入れていた小袖二〇領、唐織物三〇領を取り出して点検している。

ずいぶん大量の小袖を調べているように感じるが、これは当時の贈り物の常識に則った点検であった。小袖は室町期、一領、二領を贈るのではなく、一度に五領、十領のように大量の着衣を贈るのが常識だったからである（田端『きもの』の原型小袖の普及とその背景」）。富子の周囲にいた者は、長櫃の小袖などを見て「これほど立派なものがあったのか」と驚いたという。

周囲の大きな期待を担っての義尚の近江遠征は、諸本所領を押領している武士階級に対して、将軍家として「押領停止」を命じたことで一定の効果を上げたが、これで元通り本所領が返還されたとはいえない状況だったので、南山城のように一時的にここだけ守護不設置とし、次いで伊勢氏に北・南の守護職を与える便法が取られたのであろう。しかし山城や近江、美濃など追討対象国以外は、逆に守護の一国支配権は出陣を機に強化されることになったのではないかと考える。次の将軍義稙が再度近江に出陣する必要を感じて延徳三年（一四九一）八月に六角氏を征伐すべく出陣したのは、義尚の遺志を継ぐとともに、諸国での寺社本所領押領が、時勢となってさらに進み始めていたからであろう。

義尚が陣を構えた安養寺（滋賀県栗東市安養寺）

宝鏡寺領の返還

義尚の鈎出陣以前の長享元年閏十一月十日、幕府は山城国の宝鏡寺に、元通り近江朽木関を管掌させる命令を出した。この朽木関の領主権を宝鏡寺に返付させたことも一つの原因になっていたと思われるが、富子と義尚の関係が悪くなり、富子は小河第を出て岩倉山荘に居所を移していた。この行動を尋尊は「御隠居」と表現していた（『尋尊大僧正記』長享元年正月十三日条）。仲違いの原因は朽木関の領有権を宝鏡寺に戻した点にあったと考えられる。二十五日、幕府は宝鏡寺に対し、さらに加えて美濃国本巣、今須の地を宝鏡寺に返している。義尚と幕府は、近江朽木関と美濃国内の所領を元の領主である宝鏡寺に返すことを、一致して実行したのであろう。この近江と美濃の所々の宝鏡寺への返還が、富子と義尚の仲違いの原因であったと考えられる。

義尚と和解した母富子

しかし約一年後の長享二年十二月、富子と義尚の和解が成立し、十二月十三日富子は元の居所小河第に帰ってきた。すると十九日には富子は義尚を鈎の陣に訪問するのであった。この訪問に「公武」の人々は多くの期待を寄せていた。なぜなら近江では結城兄弟などの義尚近臣が、恣意的な義尚への披露を行っていたので、「寺社本所・近習者共」は大迷惑を被っており、「御台御成」があれば、きっとこの間の「外聞」の悪いこと（政治の偏り）を披露されるだろうから、このことを「各御憑申心中」が公武に等しくあったからだという（『尋尊大僧正記』十二月二十日条）。義尚の政治をチェックし、制御できる人は、この時代、富子しかいなかったことがよく分かる。その点で富子の後見力が発揮されるのを、幕府関係者はもとより、公家からも守護大名からも期待されていたのである。

尋尊は弟一条冬良を通じて富子に嘆願していた豊浦荘に関して、富子が「早々に義尚に申し上げる」と返事し、返信も女房奉書の形式で送ってくれたので、お礼に樽・唐布・蜜柑を御台の小河第まで運ばせている。このように義尚の政治を背後から見守り、導き、支えていたのは御台富子だったのである。

将軍義尚の死と葬儀の挙行

翌延徳元年（一四八九）三月にも、鈎在陣中の義尚の病が重くなったので、後土御門天皇は十八日、広橋守光を遣わして見舞っており、富子は再度鈎を訪れ、聖護院道興（どうこう）に加持を行わせた。しかしその甲斐なく、二十六日義尚は薨じた。二十五歳であった。最愛の子息に対して、富子は蔭凉軒周全を通じて「四歳にして父（日野政光）に離れ、それより以後此の如き憂患の事これなし、諸篇茫然」（『蔭凉軒日録』）と語っている。富子にとって、父との死別以来の悲しい出来事に茫然とするばかりであるというこの言葉から、富子の悲しみがどれほど大きなものであったかが推量できよう。大蔵卿局や大乳人（おおめのと）などの女房衆は多く落飾したという。これらの女房たちは、乳児の頃からの義尚付きの女房であったのだろう。

三十日、細川政元（勝元の子、文明十八年と長享元年に一時管領に就任）、畠山尚順（ひさのぶ）、土岐成頼などは、義尚の棺を護って小河第に帰ってきた。棺は富子、武将たち、公家衆、奉公衆、女房たちに付き添われて足利氏歴代の廟所である等持院に向かう。一条辺りに差し掛かった時、富子は声を惜しまず泣いたという。相国寺常徳院を義尚の塔頭（たっちゅう）となし、ここに義尚の牌（印・あかしの札）を入れている。この日、義尚の近臣として悪評の高かった結城政胤、尚豊（ひさとよ）兄弟は、鈎の陣営に火を懸けたあと出奔し、広沢尚俊は剃髪した。

常徳院への追善料所の寄進を、義政に促したのも富子であった。常徳院の旦那は日野氏だったので、富子は以前から熟知している塔頭であったにしても、義尚の死に際して深い悲しみに沈みながらもてきぱきと葬礼を執行したのは富子であった。

義尚の葬礼は四月三日に行われた。後土御門天皇はこの日、富子に対して義尚の死を弔慰された。富子はこの日のために「荼毘要脚」十万疋（一〇〇〇貫文）を出している。また伊勢貞陸（義尚の「御父」と呼ばれた貞宗の長子、備中守、文明十八年から延徳二年までと後明応二年から六年まで北山城五郡の守護）が「執つな」（葬儀のとき棺の綱を取る役）について尋ねたところ「このようなことは、私が知るところではない」と言いながらも、京兆細川政元か、畠山尚順（政長の子、越中・紀伊・河内守護を務めた）のうちから選ばれるのがよいと返答している。

富子が提供した一〇〇〇貫文のうち、七〇〇貫文は荼毘要脚に、三〇〇貫文は中陰（四十九日）以後の要脚に充てられた。その他の費用は、政元からの一〇〇貫文など、諸家からの献金や国役で充当している。義政は中風を患い、身体の感覚がなかったためであろう、葬礼には出ていない。遺骸は等持院で火葬され、高野山に分骨された。

富子は生前義尚が着用していた装束を、七条袈裟、掛絡、打敷などに縫い直させた。打敷は諸寺に、七条袈裟は中陰勤行衆に与えている。鹿苑院で月忌始の仏事を修した時、蔭凉軒主亀泉集証は簾中に召され、生まれて初めて富子の顔を見た。その感想を「尊顔太美也」と記している。もと小河第があった場所に現在宝鏡寺があると伝わるが、ここに富子の尼姿の木像が残っている。富子はこの木像から推察されるように、端正な顔立ちをしていたのであろう。

宝鏡寺
（京都市上京区寺之内通堀川東入百々町）

このように、最愛の息子の早すぎる死に困惑しつつも、葬礼の費用の多くを出し、葬礼を執行したのは、御台富子であった。この時代、室町将軍家の中で健全に諸事を執行できる人は、富子しかいなかったからである。

第五章　後継将軍を選ぶ

1　次期将軍の人選

義稙か清晃か

将軍義尚の突然の死は、次期将軍の決定問題を複雑にした。一方の候補者は、応仁の乱中西軍の将軍になったことのある義視の息「義稙」であり、もう一方の候補者は、細川政元の推す堀越（ほりごえ）公方足利政知（まさとも）の子清晃（せいこう）であった。義視は義政の弟であるが、母親を異にしており、義政の母は日野重子であるが、義視の母は三条氏であった（『尋尊大僧正記』）。尋尊はこの時、「御台御方者、左馬頭殿（義稙）可然旨仰」と記し、「然者東山殿（義政）同然歟」（四月八日条）と続けているので、世間は富子の判断が第一に優先され、義政も富子の判断に同調するだろうと見ていることは間違いない。このように次期将軍の決定に際して最も重視されたのは、御台富子の意見であったことが判明する。足利義稙（義材）は義政の死後、延徳二年七月に将軍となるのである。

しかし義尚の死は富子の政治への関心を大幅に削いでしまったらしく、富子は義尚の仏事に専念する態度を示し、十月二十三日、横川景三に自らの院号を選ばせ「妙善院慶山」として予修会を常徳院で行わせている（『蔭凉軒日録』）。

八代将軍義政の死と富子の出家

いっぽう義政は、このような事態の進行に抗い、延徳元年（一四八九）四月十九日、再び執政すると奏上し、天皇からも義持の先例があるからと許されたが、中風が悪化したため、延徳二年（一四九〇）正月七日に五十五歳で亡くなった。

愛息義尚に次いで夫義政にも先立たれたが、次期将軍として義視の息義材（義稙）を選んでいた富子は、義材が義視の後見を受けつつ幕府政治を執行する体制を整えたのを確認した上で、義政の葬礼行事に参加した。

延徳二年正月十三日、歴代将軍に相応しく、義政の葬礼は幕府主催で整然と行われた。幕府主催のため、富子が感慨を吐露した形跡は史料として残っていないが、『尋尊大僧正記』には、正月二十三日条に「仁和寺と等持院」で慈照院殿（義政）の葬礼があることを述べたあと、「両年連続希有事也」と、世間の人々が二年続きで二人の将軍が亡くなったことに驚いている様子を書き残している。そしてこの葬礼について「今出川殿両所」（義視・義材父子）の「御出」が「遅々」であったので「上様御腹立以外也云々」と、富子が怒ったことを尋尊は正月二十九日条に記している。

いっぽう『大乗院日記目録』には、「二七日御仏事」の行われた正月二十日条に、「去十三日小川（河）御台御出家、法名慶山」とあり、その時、徳大寺姫君や一対局なども出家したと記されている。

さらに二月二十五日条には、「東山殿四十九日也、昨日廿四日結願云々、御仏事者一所東山殿女中衆、一所小川（河）御台御方、一所鹿薗（苑）院公方、一所慈照院公方」とあるので、所々で四十九日法要が営まれたことがわかる。富子は、夫で先の将軍であった人の葬礼を行い、夫の死を看取ったうえで出家することは、将軍家御台の務めるべき役割と心得ていたのであろう、出家を遂げたのであった。

富子は出家することによって、義政・義尚時代に自らの役割と自認していた側面からの政治への関与を、自ら断ち切ったのであった。潔い引き際であった。

このようにいったんは政治から離れようと決意した富子であったが、延徳二年四月、富子は小河第を香厳院に入っていた喝食清晃（堀越公方足利政知の子・のち十一代将軍となる足利義澄）に与えた。その理由は、義政生存中に、清晃は、義材（義稙）と共に義政の養嗣子となっていたからである。このことが引き金になったのであろう、義視が怒って清晃の所領を没収し、また富子の住居である小河第を破却させるという暴挙に出た。この暴挙に対して富子は六月九日、御料所として与えられていた山城梅津荘西院南荘を長福寺に寄進し、義政と義尚の冥福を祈り続けるための資財としたのであった（『長福寺文書』）。梅津荘などの料所を義視方に奪われないための方便でもあったと考えられる。

いっぽう、このことを知った義視は、七月六日、小河第の建材（材木）を京都の常在光寺に寄進している（『蔭涼軒日録』）。

このように義政の死後、富子は将軍家を義視の子に継がせるべく、潔く退く姿を見せていた。しかし義視にとってはかつて自身が義政の後継者になると思っていたのに、正室富子が義尚を産み、義尚が義政の後継者として九代足利将軍に任じられたことへの怨念を、ずっと引き継いでいたため、富子と義尚の第宅であった小河第を破却する行為に出たものと考える。

義視、義材と富子の関係

義視・義材親子と富子の関係を、少し遡って考えてみよう。延徳元年(一四八九)三月義尚が鈎で亡くなると、富子は四月には幕府主導の等持院での義尚の葬儀に大きな資金援助を行い、さらに義政が狩野正信に義尚の肖像画を描かせた時、富子は義尚の甲冑(擐甲)を纏った姿を描かせたのであった。そして四月十九日、義政が再び執政することを奏上したのに、同日、富子は小河第に足利義材を迎えているのである。したがって、九代義尚の次の将軍を義視の子義材とするのが足利将軍家にとっては順当な継承の形であると判断し、実行したのは、御台富子であったことになる。

次いで富子は七月十一日、居所を小河第から金龍寺の山荘に移し、義材は通玄寺に入った。そこで富子は薙髪(ちはつ)しようとしたが、これを止めたのは細川政元である。将軍家御台としてまだやってもらわねばならないことがあると政元は考え、薙髪を阻止したのであろう。政元の諫止を聞き入れ、富子は七月二十八日、金龍寺から小河第に帰っている。

十月二十二日、義視・義材父子は、東山山荘に住んでいる義政に会っている。二十三日富子は横川景三に自らの院号を選ばせ、「妙善院慶山」に決定し、予修会を常徳院で行わせている。自分の死後の仏事まで、あらかじめなしていたことが分かる。年末になると義政の病が篤くなり、翌延徳二年正月七日、義政は薨じたのであった。

延徳二年正月の義政の死去以前に、朝廷では、応仁二年以来廃絶していた「小朝拝」と「節会」を復活している。これは天皇と朝廷が応仁の乱終結の時点から待ち望み、富子や義尚の力を借りて復活のために努力してきた朝廷の正月行事である。四日には朝廷は「踏歌の節会」を復活しようとし、富子はその資金や材料を献上している（『後法興院政家記』など）。このように将軍家の大事件が生じていたこの時点でも、富子は将軍家御台所として、将軍家の朝廷に対する「家外交」を担い続けていたのである。政元が富子の薙髪を諫止した本意は、富子の果たすべき役割がまだまだ多いことを気付かせるためであったのだろう。

延徳二年正月七日、義政は亡くなった。五十五歳であった。時日を空けず十三日には義材（義稙〔よしたね〕・義尹〔よしただ〕）が足利将軍家を継承し、義政の喪に服し、義視が後見して幕政を執行する体制が出来上がった。義政の初七日法要は幕府主催で鹿苑院で行われ、この日富子は薙髪したのである。義政の遺骸はこの後二十三日に等持院に葬られ、五七日〔ごしち〕法要は二月五日鹿苑院で修され、義材、義視、富子が参加している。義政の遺言により、東山第（東山山荘）を寺として「慈照院」と呼ぶことに決したのは、二十三日のことである。

富子はこの後も禁中や官女に物を献上したり、故義尚の法会に参加したりする姿を史料に残している。

富子と義視の対立が人々の目に見えるようになるのは、先述の四月二十七日の、富子が小河第を清晃に与えた事件以後である。

この義政の死後、足利義材時代が始まると、富子は義政・義尚の仏事執行に専念する一方、天皇家との関係を温存することに努力するが、政治情勢は、富子の隠棲をなかなか許さなかった。その実態を義材時代から検討してみよう。

2　足利義材時代とそれ以後の御台所富子

将軍となった足利義材

足利義材が後土御門天皇から征夷大将軍に任じられるのは延徳二年（一四九〇）七月五日であり、同日父義視は准三宮となり、管領職には細川政元が就任した。翌七月六日に義視が行ったのは、小河第の材木や屋根を常在光寺に寄進することであった。背後には義視の富子への反感が推測される。幕府は十六日、大徳院（のちの大徳寺）景徐周麟（けいじょしゅうりん）を遣明正使に任じたが、周麟は病と称して辞退している。

将軍義材は八月七日、近江守護京極政経に、同族京極高清を討つよう命じたがうまくいかなかったのであろう、二十三日には幕府は細川政元に対し、管領職とともに近江守護職を兼務させる。近江問題は義材政権の当初より難題となる様相を見せていた。閏八月十四日には京都次いで大和で土一揆が蜂起した。京都の土一揆では、数日で管領職を辞任した細川政元の被官が、土一揆の指導者であったことも分かり、政権に動揺が広がった。また応仁の乱勃発以来の戦乱と火災の影響により、公家たちは京を離れ、家領荘園などに住む人々が続出し、屋敷も罹災したり荒れ果てていたので、十一月二日、持院に葬られた。

天皇は勅をもって旧地に還住することを命じている。この年十二月には応仁・文明の乱の一方当事者であった畠山義就も、五十四歳の生涯を閉じていた。そして延徳三年（一四九一）正月七日義視が薨じたのであった。五十三歳であった。義視の法会は幕府によって執り行われ、遺骸は正月二十五日等持院に葬られた。

将軍義材の執政

義視の死去により、将軍義材は、自らの判断で幕府を率いて執政するほか道はなかった。将軍家の中で頼れるのは、叔母で尼となった妙善院富子しかいなかっただろう。後土御門天皇は、延徳三年（一四九一）二月十五日、義視の死からわずか一カ月と八日で、義材に復任除服の宣旨を与えている。三月中に幕府は慈照院を慈照寺に、大徳院を慈照院と改称し、義政の遺骨を慈照院（もとの大徳院）に移し、義尚の法会を常徳院で行うなど、前将軍家の法会の執行に余念のない状態であり、富子は義材と共に常徳院に詣でている。義視の百日忌法会は四月十七日、大智院で行われ、義材はこれに臨んだ。

この間のことであるが、三月上旬、前年に管領を辞した細川政元は、東国を遊覧して都に帰っている（『後法興院政家記』など）。このことは、のちに政元が堀越公方の子清晃を将軍に戴くことに決するための下調べのようにも思える。

父義視の法会から四日後の四月二十一日、義材は義尚の遺志を継ぎ、近江の六角高頼を征伐すると宣言し、諸将に出陣命令を出した。義材は、前将軍で従兄弟にあたる義尚の遺志を継ぐことこそ、将軍としての自分の務めであると考えたのであろう。

しかし新将軍義材には、将軍として身に付けねばならない作法や教養が山のようにあった。蹴鞠を飛鳥井氏に、弓馬を小笠原氏に習い始めたので、初めて朝廷に伺うのは六月二十六日にずれ込んでいる。

その間に四月三日、堀越公方足利政知（清晃の実父）が亡くなる。すると義材は初めて将軍としての積極的な命令を発し、前将軍義尚の遺志を継いで六角高頼を近江に征討することを決し、諸将にそれを公布したのであった。そして義材は早々と七月八日に受戒したのである。

八月に入ると、義材は六日、近江永源寺に対して寺領を安堵し、守護使の入部を禁じ、課役を免除する。次いで二十二日義材は近江守護六角高頼を討つための綸旨を奏請して、これを獲得し、二十七日には三井寺を陣所とした。この陣所に最初に駆け付けたのは、京都から出立した赤松政則である。武将や公家もこれに続いた。幕府は義材の征討を助けるため、細川政元に近江守護を兼任させる。以前から丹波、河内などの守護を兼ねていた政元は、重臣安富元家を近江に遣わし、守護代とすることにしたので、安富は義材に謁見し、太刀を献じている。政元自身が近江に出陣して義材に謁見するのは、十一月の十日であった。十二月には美濃守護土岐成頼や、大内義興も京都を経て近江に出陣した。義材は竹生島衆徒に寺領を安堵するなど、近江での征討実現に努力する様子がうかがえる。

晩年の富子の役割

このように将軍義材が近江に出陣し、諸大名や奉公衆それに一部の公家も京都を離れていた延徳三年の八月以降、京都に残って前将軍義尚や義政の法会を実行する責任は、富子の肩にかかっていた。十一月七日、富子は義政の三回忌法会を小河第に預修し、十二月七日には幕府主催の義政三回忌法会預修が慈照院（もとの大徳寺）で行われ、八講は等持寺で行われた。このとき天皇家から「御経」と馬が与えられている。

明応元年（一四九二）、大きな政治的混乱が生起する。その一つは幕府配下の武将織田敏定・浦上則宗が、将軍義材の命に従って近江守護代安富元家に合力し、六角勢を愛知川で破ったので、将軍家と幕府の威信は保たれた。しかし前年入京してきた大内政弘は、少弐政資と筑前で戦わねばならない事態となり、近江遠征の軍事力が大幅に削がれる。

将軍家が三月愛知川の合戦で勝利したあと、五月義材は斯波、赤松、山名氏等を動員して六角勢と戦い、九月十二日には近江の寺社本所領を兵糧料所とし、飯尾清房など奉公衆に分け与えるという方針を示した（『後法興院政家記』）。幕府軍はこれらに勢いを得たのか、六角高頼勢を江北に破った。高頼が伊勢に逃れたので、所期の目的を果たした義材は、近江から十二月十四日に帰京し、政元の近江守護職を罷免し、六角虎千代を守護に補したのであった。そのほか戦功のあった赤松政則には、加賀半国を安堵している。

この年、最も怪しい動きを見せたのは、細川政元であり、正月二十四日、政元が畠山基家の使者と会見したが、その翌日、幕府は政元に基家与党を逮捕させている。十月には、政元の被官安富元家が近江の守護代を辞退して京都に帰ってきたので、これは政元の命によるとみた義材は、政元の近江守護職を剝奪した。つまり明応元年には、将軍義材と細川政元の間の亀裂が極限に達し始めていたのである。

「明応の政変」の実像

ここに起こった事件が「明応の政変」である。明応元年十二月、近江征討を一段落させた将軍義材は、翌明応二年（一四九三）二月、畠山政長・尚順父子や斯波義寛らを率いて畠山基家追討のため河内に出陣する。次いで畠山政長は義材に銭十万疋を進上したのであった。応仁の乱前から細川勝元と結んでいた畠山政長は、ここに至って細川氏と手を切り、将軍義材と結ぶこととなった。

これを見て、四月二十二日、細川政元は義材の河内出陣中を狙ってクーデターを起こし、畠山義就の子基家と結んで畠山政長を暗殺しようとし、かつて義政が義材と共に養嗣子としていた堀越公方政知の息清晃を立てたのである。清晃は還俗して義澄と改名した。閏四月政長は河内正覚寺で自殺し（五十二歳）、義材は政元の家臣上原元秀に下ったのであった。これが明応の政変である。政元は、政変直後の五月、管領に再任されている。

勝利を収めた政元は、義材を小豆島に配流しようとしたが、義材は越中に逃れている。

国一揆・徳政一揆・一向一揆

幕府・将軍家中で紛糾が続いていたこの時代、外の世界では、文明十六年に起こった山城国一揆を嚆矢として、十七年に山城・大和・河内の徳政一揆、十八年に京都の徳政一揆、長享元年に加賀の一向一揆、二年に京都の徳政一揆、延徳二年に京都での二度の徳政一揆、三年に美濃・尾張・甲斐での大飢饉、明応元年は疫病の大流行と畿内・東海での大雨洪水、明応二年は近江に徳政一揆と、連年のように国一揆・徳政一揆・一向一揆が起こっていた。

これは自然災害に加えて、内乱状態が文明末以来ずっと継続していたことにより農村部が荒廃しきっていたことと、室町期には守護大名や奉公衆には在京義務があって、一定期間京住する必要があり、京都に屋敷を構えており、それ以外にも将軍家への奉公のため、家臣や従者を京都に住ませており、出陣の行き帰りや下国の際に、京周辺の街道を一年のうちに何度も往復したことと深く関係している。京を結節点とする畿内諸国は、応仁・文明の乱終了後も、戦場の状態にあったのである。文明末以来土民一揆が多発したのは、京と畿内の荒廃が言語に絶する状態だったためであり、幕府と将軍家はこの状態に無頓着で、何の対策も採らなかったことが原因である。

明応の政変の山城国一揆への影響

明応二年に起こった政変は、山城国一揆に大きな影響を与える。明応二年八月、幕府が山城八郡の「諸侍」（国人・土豪層）宛に、北山城五郡の守護を続けてきた伊勢貞陸の下知に応じるように命じると、それまで入部を拒んでいた伊勢氏を、国一揆は守護として認めることに同意せざるをえなかった。こうして文明十七年から続いた南山城の国一揆は、九年間守ってきた基本方針を崩すことになり、山城守護伊勢貞陸の命で、相楽・綴喜二郡の知行を任せた古市澄胤（ふるいちちょういん）が、明応二年九月山城に入部、稲八妻城（いなやつま）に籠城する国一揆方国人層を打ち破ったので、山城国一揆は崩壊したのであった。

伊勢氏は幕府奉行を務める将軍家直勤の御家人であり、番衆や申次にも一族が大勢名を連ねていたことは前述した。応仁・文明の乱が終息を迎えた文明九年以後、幕府が公家・寺社への本所領返還の方針を打ち出し、裁許状中にもその喜びが踊っていたことも前述した。南山城で国人一揆が「本所領を元の持ち主に返す」ことを第一条に挙げたのも、幕府の基本方針に沿った一揆であったため、寺社本所の共感を得たことを示していると考える。よって幕府が山城守護に伊勢氏という幕府第一の吏員を任じた理由も理解できるのである。

古市澄胤という人

ここで疑問になるのは、山城国一揆がなぜ古市氏の支配を是認したのかという点である。古市氏はもともと興福寺の衆徒を務める武士で、本拠地は奈良東部の古市城である。この時代の古市氏には澄胤がいて、彼は十四歳の年の寛正六年（一四六五）大乗院で出家して澄胤と称し、六方衆となったが、文明七年退寺し、兄の胤栄を隠居させて衆徒播磨公澄胤と称している。

室町期、二〇人の衆徒から成る「衆中」のトップは「官符衆徒」と呼ばれ、筒井順永が務めていた。順永は相国寺の僧であったが、筒井氏一族中の内訌を収め、幕府からも安堵を受け、衆徒の代表二〇人の「衆中」の頂点に立った僧体の武士である。その筒井順永が文明八年四月五日に亡くなったので、古市氏は南大和の越智氏と結んで、北大和に地盤を持つ筒井氏を圧倒し、文明十年正月から筒井氏に代わって「官符（棟梁）衆徒」となったのであった。「官符衆徒」には奈良市中の雑務検断権があり、実質的な奈良代官兼大和守護代という大きな権限が与えられていた。

古市澄胤はこのように文明十年から「官符衆徒」になっていた。この澄胤に大役が回ってきたのが、山城国一揆が起こる四カ月前の文明十七年八月のことである。この年五月、幕府侍所所司代多賀高忠は、京の七口に新関を設置した。同五月には幕府内で奉公衆と奉行人の争いが起こり、奉公衆（番衆）は奉行人飯尾元連を襲ったので、この事件の責任をとって奉行人は剃髪している。新関は六月にていたのである。

細川政元が破却している。幕府内部では、細川と多賀、幕府吏員と番衆との間の矛盾・対立が激化し

この状況を見て、八月一日、山城・大和・河内で徳政一揆が蜂起した。土一揆は前年十六年十一月にも京都で起こっており、その土一揆を幕府は細川政元に鎮圧させたという前史もあった（『蔭凉軒日録』）。しかし政元は管領に就任していたわけでもなかった点も、混乱を増大させた原因であったろう。

文明十七年八月二十一日、山城など三カ国での徳政一揆蜂起に続き、大和では二十四日馬借蜂起（馬借一揆）が起こっている。馬借は北市辺に放火し、神人たちに料足を懸けるなどしたので、大和守護である興福寺は官符衆徒の任にある古市澄胤に解決するよう命じたのであった。

この状況を知って、奈良の土倉は古市澄胤に七〇〇貫文、古市西（胤栄・澄胤の兄）に三〇〇貫文もの料足を出して、古市兄弟に解決を任せようとした。一方馬借など土民たちは、東西南北の路次を止めて蜂起しようとしたのである。このように山城国一揆が起こる十七年十二月の約三カ月前に、大和では徳政一揆に続き馬借を中核とする土一揆が起こり、土倉と一揆方の対立が先鋭になったが、古市氏が興福寺の命によって、解決に乗り出していたことが分かった。

文明十七年十二月十一日の「山城国人集会」について大和守護の地位にある興福寺は、「然るべきか、但し又下剋上の至り也」と、「賛同しないでもないが下剋上の極みでもある」と、荘園領主で守護でもある興福寺としての感慨を漏らした尋尊ではあった。大和守護興福寺の「官符衆徒」である古市氏が、興福寺の命に従うのは道理であろうが、古市澄胤が山城国一揆に受け容れられた数少ない国

人領主となったことにはまだ疑問が残る。なぜ澄胤が国一揆崩壊後、南山城の国人・土豪に受け入れられたのか、その理由を探るために、応仁の乱中の時代に遡って澄胤の行動を検証しておきたい。

古市澄胤は先述のように文明七年七月三日「道心を発して」遁世し、興福寺からも古市氏の家督を継承することを承認された（『尋尊大僧正記』）。そして官符衆徒であった筒井順永が文明八年に亡くなったため、十年正月から官符衆徒となり、奈良市中の検断権を任された人である。

官符衆徒に任じられる前年の十月、古市胤栄・澄胤兄弟は、河内での畠山政長と義就との間の合戦に参加している。しかし大内方の杉氏らが数千という兵力で木津から般若寺まで進軍してきたため、急遽古市兄弟は河内教興寺から呼び返され、奈良の防御に専念することになった。このたびの畠山勢は、大和勢・河内勢合わせて一万人はいたという。このように山城国一揆勃発以前から、大和の国人領主たちは、古市氏に限らず越智氏、筒井順覚（じゅんかく）、宝来氏（ほうらい）、山城の木津執行、成身院らは畠山氏との関係が深く、河内での両畠山の合戦に参加していた。文明十年正月に澄胤が「官符衆徒」に任じられたのも、任命の直前に越智氏と畠山氏から推薦があったためであった（『尋尊大僧正記』）。

大和の国人たちが河内や山城に出陣したことにはもう一つの理由がある。それは興福寺の所領が河内にも八カ所あり、文明十四年四月、摂津の本所領を「再興するため」と称して細川政元が河内出陣を決め、本所から在所名と年貢の高を申請させたからである。尋尊はこの機会を捉えて以下の注文を学侶に書かせ、細川方に持参させた。その荘園は左の通りである。

吹田荘…月別五貫文、上分米三石
河南荘…月別一貫文、上分米二石
猪名荘…月別八百文、上分米一石
浜崎荘…上分米一石、味舌荘…上分米一石
溝杭荘…上分米一石
沢良宜荘…上分米一石
新屋(家)荘…上分米一石　以上八カ所寺務領
浜郷…神供料所　以上神供料所

この後に注記があり、「応仁大乱以後不知行」「新屋・浜崎においては大乱以前より有名無実也」と記されている（『尋尊大僧正記』）。

この注文から分かるのは、摂津国にある興福寺領を興福寺に返すことを約して、細川政元が大和の国人領主たちの参陣を求めていたことである。政元は応仁・文明の乱終結後の幕府方針「本所領の元の持ち主への返還」を旗に掲げて、自軍をうまく編成しようとした。興福寺はこう約束されると、衆徒・国民の出陣を許さざるを得なかっただろう。

細川政元と内衆の確執

さらに問題なのは、細川政元の内衆と呼ばれた有力家臣が二派に分かれて対立していたことである。

細川政元は細川京兆家という細川一族中の名門に、細川勝元の子として文正元年（一四六六）に生まれた。母は山名氏である。足利義尚生誕の次の年である。細川京兆家は「右京大夫」を官途とし、摂津、丹波、讃岐、土佐四国守護を世襲する大守護大名家で、幕府では「御相伴衆」「管領」に任じられるという高い家格に位置づけられていた。そのため文明五年に父勝元が亡くなると八歳で家督を継承し、勝元の従兄弟である細川政国の後見のもと、摂津・丹波・讃岐・土佐四国の守護職を引き継ぎ、その後文明十年に足利義政の偏諱を受けて政元と称し、十八年七月には右京大夫に任じられ、管領となっている。

その後一時管領を畠山政長に譲ったが、長享元年（一四八七）八月から短期間ではあるが管領に再任され、延徳元年（一四八九）三月、将軍義尚（義熙）が鈎で陣没すると、畠山政長らが義視の子義材（義稙・義尹）を擁立したため、政元は明応二年（一四九二）閏四月、細川家重臣安富元家、上原元秀らを派兵し、政長を河内の陣中に攻撃して殺害し、将軍義材を廃して、清晃を還俗させて将軍の地位に就けたのである。新将軍清晃は義澄（義遐〈よしとお〉・義高〈よしたか〉）と名乗った。これが前述した明応の政変である。

しかし細川政元家は家内に大きな内部矛盾を抱えていた。それは政元の近臣たち安富、薬師寺、上原らは「内衆」と呼ばれており、その内衆九名ないし十名によって構成される「評定衆」（年寄衆）によって物事を決定するシステムが採用されていたためである。内衆たちの間では内部抗争が絶えず、彼らに動員される摂津や丹波の国人領主（国衆）との軋轢も深まり、細川政元家は一枚岩という状態にはなれなかったのが弱点であった。

山城国一揆崩壊と古市氏

山城国一揆崩壊によって、一揆が起こる前に畠山義就方が知行していた南山城地域は、大和の国人領主古市氏の支配下に入ったことになる。つまり「本所領は元の持ち主に返す」という幕府の方針を継承する態度を見せながら、「国掟法」を定めて三十六人の国衆の自治の形態を前面に出し、それが認められなくなると、政情の変化を利用して、旧畠山義就の知行地だけは取り返したが、大和の国人領主たち特に大和守護興福寺から官符衆徒に任じられ信任が厚かった古市氏の攻撃に屈したのが、山城国一揆であったと言えよう。

文明十七年十二月から明応二年九月まで、実に九年間、国人一揆は南山城の地で権力を握り続けた。これは一揆衆支配下の百姓、下人層の支持がなければ成り立たなかったことはもちろんである。山城国一揆成立中の長享元年十二月、加賀では一向一揆が、延徳元年には丹波国一揆が蜂起していた。山城国一揆解体の翌明応三年十月には、加賀一向一揆は越前に侵入し、勢力を拡大しつつあった。在地の国人・土豪・百姓・下人の政権に対する厳しい批判の目は、一揆として燃え上がる時代に再び入りつつあったのである。つまり幕府政治はまたもやその真価を問われる時代となっていた。

将軍義澄の時代

明応二年四月に細川政元が起こした政変（クーデター）によって新しく擁立された清晃は、義政の弟で兄義政によって長禄元年（一四五七）に伊豆の堀越に置かれて「堀越公方」と呼ばれた政知の子であった。義材と同じく、義政の甥にあたる人であるから、富子にとっても、義尚亡き後の将軍となることに、異存はなかったと思われる。清晃は翌明応三年（一四九四）十二月に義高として元服し、将軍宣下を受け、のち義澄と改名し（文亀二年）、永正五年（一五〇八）四月まで十四年間将軍職に就いた。この清晃の正室に、富子の甥永繕（えいぜん）の姉妹が入ったのは、代々の将軍家の正室が日野家出身だったという歴史を踏襲したものであり、富子生存中に彼女の意向が働いたためであろう。

一方義材は政変によって将軍職を追われたあと、越中や周防まで逃げて再起を図り、ついに永正五年大内氏の後援のもと、将軍職に返り咲くのである。義材はこの時義尹（よしただ）と改名し、さらに永正十年義稙（よしたね）と名を改め、大永元年（一五二一）十二月まで十三年にわたって将軍職に就いている。義稙の次の将軍には、前将軍義澄の遺児義晴（よしはる）が就任するのである。

明応の政変は、細川政元による将軍すげ替えではあったが、義材も清晃も義政の養嗣子となっており、富子もこのことは承知していたので、将軍候補者の側から言えば、将軍職に就くことに反対する細川政元の行為は暴挙と捉えられたのであろう。

終章　晩年の富子とその死

最後の蹴鞠会と参内

将軍義高時代の明応五年（一四九六）閏二月二十四日、富子は御所の蹴鞠会に呼ばれた。蹴鞠会を主催したのは、ときの後土御門天皇の皇子で、かつて元服に際して、富子が何かと援助した勝仁親王である。この時点でも富子は依然として「御台」「小河殿」と呼ばれている。御台所と呼ぶに相応しい人は、将軍家が義政のあと、義尚、義稙（義材）、義高（清晃・義澄）と三代も時代が進んでいたというのに、である。こう呼ばれたのは、富子が依然として亡くなるまで将軍家の御台所としての役割を果たしていたためにほかならない。義政死後の晩年の富子の役割の大きな部分は、義尚の次の将軍を決め、天皇家との良好な関係を維持し、天皇家と同じ文化を共有し、義尚、義政の菩提を弔うという三点にあったと考える。

同じく閏二月、公家三条西実隆（さねたか）は「小河殿富子」の参内があると聞き、勝仁親王の御所に向かう前に、「小河御所」（小河第）に参上した。屋敷に着くと申次を務める垪和（はが）右京亮が対面した。この人は、以前から御台所の御供衆として仕えている武士であるという。実隆はこのあと、室町第にも立ち寄って和歌を五首詠んでから、午後に参内している。

御所に到着すると、富子はすでに車で参内していた。車は竜胆の文車であったという。そして「これは近来買徳せしめ給う車也」と記されていることから、このころ富子は文車を必要としない質素な生活をしていたが、参内に備えて、急ぎ買い整えた文車であったことが分かる。お供は女房一人と騎馬の埣和一騎だけであったという。寂しい供揃えではあるが、それでも富子は文車を買い取って準備し、御台に相応しい形式を整えて参内している。親王御所には、勧修寺・甘露寺・山科・伯などの公家が参集しており、五十七歳の富子が三献のお酌をしたのであった。

このように、明応五年の富子は、家来や女房もごく少数で、現役を退いた形でひっそりと暮らしていたようである。しかしなお天皇家も公家たちも、また政元以下の武士たちも、「御台所」として富子を尊敬し、かつての栄光を重ねて富子を眺めており、富子もこのことは意識のうちにあったので、参内には急遽竜胆の模様の描かれた文車を購入し、堂々と前将軍家の「御台所」として天皇家や公家階級と交流を続けていたのである。

富子、死す

亡くなる年まで、大きな病にも罹らなかった富子であるが、五月十七日、にわかに容態が急変し、二十日富子は他界した。三条西実隆は「諸人天を仰ぎ言語道断之次第也、今年五十七歳歟、…富は金銭を余し貴きこと后妣に同じ、有待之習無常刹鬼之責遁避せざる之条、嘆くべし嗟くべし」（『実隆公記』）と記している。多くの人々が富子の死を悲しんだことが示されている。

一方、尋尊は「廿日御対（台）ハ御入滅、七珍万宝ハ公方歟南御所歟、何方へ可被召之哉、不一定云々……来十三日御葬礼云々」と六月六日条に記し、『大乗院日記目録』には五月廿二日条に「御台御方入滅、五十六、」と簡単に記されている。ただしこの文中の「七珍万宝」は、財産の大きいことを表す当時の決まり文句であり、実際にそうであったとは限らない。その根拠は、文明八年六月に富子の兄勝光が四十八歳の若さで亡くなった時にも、尋尊は「七珍万□□□□、料足八万貫在之云々」と、その財の大きな様を描写し、「希有神罰也」と評しているからである。つまり「七珍万宝」は室町期に大きな富を所持していることを表す決まり文句で、尋尊の好む用語でもあったと考える。ちなみに尋尊は、細川政元の父勝元が文明五年に四十四歳で死去した時も「神罰也」と表現していた（『尋尊大僧正記』）。

大きな財を所持していたとして非難される富子ではあるが、義尚の後見のため、また義政のライフワークである銀閣寺の建設のために、朝廷その他に、多くの銅銭を寄付し続けてきたことはこれまで述べてきた通りである。晩年には、二月の参内の様子から分かるように、むしろ質素な暮らしをしていたと言えよう。

日野富子墓碑
（京都市上京区・華開院境内）

日野富子の人となり

実隆が富子について「貴きこと后妃に同じ」と表現したように、公家の家に生まれた富子は、将軍家の御台所に抜擢され、望まなくとも執政する場面に登場せざるを得なかった。そしてどのような事態に遭遇しても、御台所として、義政の背後にいて、朝廷や公家・寺社階級の所領を守り、天皇家に居所を提供し続け、後継将軍の義尚を後見し、義尚没後は次の将軍家の後ろ楯となり続けることを、自身の任務と心得て、一心にその任務を果たすべく行動した人であった。まさに一条兼良が書き残したような、「女人政治」を実践した人であった。

室町期公家や僧侶の女性観

日野富子には厳しい批判を書き連ねた尋尊ではあったが、世の中に生起した事件を正確に書き綴り、批評した上で、後世に史料として残してくれた功績ははなはだ大きい。本書をまとめるにあたっても、尋尊の書き残してくれた多くの記述が、富子の実像を再構成するのに大きく役立ったことに、感謝しなければならない。

最後に尋尊が生きた室町・戦国前期の知識階級が身に付けていた女性観について触れ、本書を締め括りたい。

長享二年（一四八八）三月、義政の死後、義材が足利家の家督を継ぐのだが、まだ後継将軍が決定する以前に、尋尊は「公方御一門近日現在御（たまう）」という系図を日記（『尋尊大僧正記』）に書き残している。将軍家足利氏とともに天皇家についても記しているので、次に引用しておく。

一公方御一門近日現在御、

○普廣院
- 入江殿　洞院腹、
- 東山殿　日野腹、
  - 惣持院殿　大館一對長子腹、
  - 南御所　日野腹、
  - 室町殿　日野腹、
    - 女　山名腹、
- 今出川殿　三条腹、
- 宝鏡院殿　宇治大路腹、
- 光稱院殿　善法寺殿女房、

○勝定院殿
- 惣持院殿　通玄寺之内
- 時聚院殿

一今出川殿
- 女
- 女

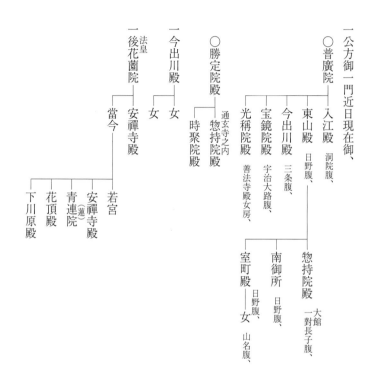

一後花薗院（法皇）
- 安禪寺殿
- 當今
  - 若宮
  - 安禪寺殿
  - 青連院（蓮）
  - 花頂殿
  - 下川原殿

注目したいのは、「東山殿」には「日野腹」の、「今出川殿」には「三条腹」の、「室町殿」（義尚）には「日野腹」などの注記があることである。東山殿義政の母は日野重子、今出川殿は義視、室町殿義尚の母は富子であることは明白である。南御所の母は富子であり、尋尊の記述に誤りはない。しかしこの書きようは、まさに「腹は借り物」観そのものである。近世になって庶民の世界にも一般化する男尊女卑思想の根源とも言える「腹は借り物」という儒教思想が、近世以前の室町後期・戦国前期の支配階級のなかに成立していたことを、尋尊ははからずも、几帳面な性格から史料として書き残してくれたのであった。

このように室町期の公家・寺社・武家のなかには根強く男尊女卑思想が行き渡っていた。そうした社会で、一条兼良の教えをよく守って、御台所として精一杯その役割を果たそうとし、時には自ら執政した富子の姿は、筆者には、与えられた位置で力の限り務めを果たした「健気（けなげ）な女性」に見えるのである。

参考文献

参考資料

『花営三代記』（『武家日記』・『室町期』とも）群書解題第8巻雑部、続群書類従完成会、一九八二年。

『兼顕卿記』『兼顕卿記別記』史料纂集、続群書類従完成会。

『看聞御記』続群書類従補遺二、続群書類従完成会。

『経覚私要抄』史料纂集、続群書類従完成会。

『公卿補任』（『新訂増補国史大系公卿補任』53〜57巻・別巻）、吉川弘文館、二〇〇〇〜〇一年。

『朽木文書』史料纂集、続群書類従完成会。

『迎陽記』史料纂集、続群書類従完成会。

『久多荘文書』叢書京都の史料15、京都市歴史資料館、二〇一八年。

『久我家文書』史料纂集、続群書類従完成会。

『尊卑分脈』（『新訂増補国史大系公尊卑分脈』一〜四編・索引）、吉川弘文館、一九五七〜七七年。

『太平記』一・二・三（『日本古典文学大系』36）、岩波書店、一九六二年。

『大乗院寺社雑事記』（『尋尊大僧正記』『大乗院日記目録』を含む）角川書店、一九六四年。

＊尋尊自身の手になるこの日記は、将軍家・管領・守護大名・国人領主から地下人に至るこの時代のあらゆる

階層の動向を、独自の視点から描き出す、室町・戦国時代前期の根本史料。

『大日本古文書』家わけ十一―二『小早川家文書』東京大学出版会、一九七一年。

『大日本古文書』家わけ二十一『蜷川家文書』東京大学出版会、一九八一、八四年。

『大日本史料』七編・八編・九編、東京大学出版会。

『中世法制史料集』第二巻室町幕府法、岩波書店、一九五七年。

『長興宿禰記』史料纂集、続群書類従完成会。

『教興卿記』史料纂集、続群書類従完成会。

『教言卿記』一～三、史料纂集、続群書類従完成会。

『満済准后日記』上・下、続群書類従、続群書類従完成会、一九六〇年。

『明実録』『中国・朝鮮の史籍における日本史料集成明実録之部』に抄出、国書刊行会、一九七五年。

『室町幕府文書集成　奉行人奉書篇』上・下、思文閣出版、一九八六年。

『山科家礼記』三・四・五、史料纂集、続群書類従完成会。
＊家司の立場から、室町期とくに応仁の乱とそれ以後の山科七郷の状況と、山科家家内の状況を活写する重要史料。

研究文献

今谷明『室町の王権』中公新書、一九九〇年。

臼井信義『足利義満』吉川弘文館人物叢書、一九八九年。

勝俣鎮夫『戦国法成立史論』東京大学出版会、一九七九年。

河井正治『足利義政』清水書院、一九七二年（のち『足利義政と東山文化』として吉川弘文館、二〇一六年刊）。

神田裕理『朝廷の戦国時代』吉川弘文館、二〇一九年。
＊後土御門天皇以後の天皇は、譲位を行わないという特徴を示し、公家は従軍し、将軍に仕える者も現れたことを指摘。
小池辰典「鈎の陣にみる戦国初頭の将軍と諸大名」『日本歴史』八五一二〇一九年四月号。

小池辰典「『応仁の乱』後、足利将軍家は没落したのか?」山田康弘編『戦国期足利将軍研究の最前線』に所収。

後藤みち子『中世公家の家と女性』吉川弘文館、二〇〇二年。
＊公家・武家・農民の各階層において、「家」内では家長と「家」妻の役割分担があり、「家」妻は「家」内の家政の責任者であったと論じる。
酒井紀美『応仁の乱と在地社会』同成社、二〇一一年。

菅原正子『中世公家の経済と文化』吉川弘文館、一九九八年。

菅原正子「将軍足利家の肖像画にみえる服飾――桐紋と金襴」『国史学』二二七号、二〇一九年。

菅原正子『中世の武家と公家の「家」』吉川弘文館、二〇〇七年。
＊公家・武家の「家」の所領運営や、「家」の構成メンバーの役割、年中行事や儀礼について広く考察した著作。
杉本苑子・永原慶二対談「応仁の乱　蓄財の女王　日野富子」『歴史への招待31』日本放送出版協会、一九八四年。

永島福太郎『一条兼良』吉川弘文館人物叢書、一九八八年。

西尾和美『戦国期の権力と婚姻』清文堂、二〇〇五年。
＊戦国期芸与の婚姻関係を視座に、地域権力論を展開した好著。
二木謙一「伊勢流故実の形成」『國學院雑誌』六八－六。

三浦周行「足利義政の政治と女性」『日本史の研究』岩波書店、一九二二年（大正十一年）所収。「日野富子」『日本史の研究　新輯二』岩波書店、一九八二年。

水野智之『室町時代公武関係の研究』吉川弘文館、二〇〇五年。
＊公家衆への家門安堵を基軸に、室町時代の公武の政治的動向を考察した好著。
村井祐樹『戦国大名佐々木六角氏の基礎研究』思文閣出版、二〇一二年。

百瀬今朝雄「応仁・文明の乱」『岩波講座日本歴史』7中世3、一九七六年。

山田康弘『戦国期室町幕府と将軍』吉川弘文館、二〇〇〇年。

山田康弘『戦国時代の室町将軍』吉川弘文館、二〇一一年。

山田康弘『戦国期足利将軍研究の最前線』山川出版社、二〇二〇年。

吉村貞司『日野富子』中公新書、一九八五年。

脇田晴子「日野富子の人物像」日本放送協会編『歴史への招待31』一九八四年。

脇田晴子『日本中世女性史の研究』東京大学出版会、一九九二年。
＊性別役割分担を分析視角に据えた初めての著書。

筆者の関連著作

「大名領国規範と村落女房座」女性史総合研究会編『日本女性史　第2巻　中世』東京大学出版会、一九八二年。

『中世村落の構造と領主制』（学位請求論文）法政大学出版局、一九八六年／オンデマンド版、二〇〇五年。

所収論文「小早川氏領主制の構造」
＊惣領家沼田小早川家と庶子家筆頭竹原小早川家の国人領主としての存在形態の違いを、それぞれの家臣団形成の差異から解明した論考。

所収論文「戦国期の山科家と山科七郷」
＊戦国期の公家領山科東庄を含む山科七郷は、守護・国人領主層により合法的に転倒されたが、在地では惣荘、惣郷が形成され、農民闘争は脈々と続いていたことを論証。
『日本中世の女性』吉川弘文館、一九八七年。
＊富子の政治参加は、恣意的になされたものではなく、当時の日野家の位置や義政・義尚の状況から考えると、自然になされたもので、財政の肩代わりという面からも評価すべきとした。日野富子について、初めて積極的、好意的に評価した論考。
『洛東探訪』第二章・第四章、後藤靖・田端泰子編、淡交社、一九九二年。

『日本中世女性史論』塙書房、一九九四年。

所収論文のうち「日野富子と将軍『家』」
＊富子は義政とは別に、寛正六年から「上様」として別の「家」を持ち、文明五年以後は将軍家は三つの家から成っており、全時代を通じて富子は将軍家の家外交を担当し、そのためにも積極的な経済活動をなしていたことを論証。
「御台（富子）の京都・土民の京都」日本史研究会・京都民科歴史部会編『京都千二百年の素顔』所収、校倉書房、一九九五年。

「女房役割と妻役割」脇田晴子、S・B・ハンレー編『ジェンダーの日本史』所収、東京大学出版会、一九九五年。

『女人政治の中世』講談社現代新書、一九九六年。

『日本中世の社会と女性』吉川弘文館、一九九八年。

所収論文「御台の執政と関所問題――郷中関と文明一二年の七口関設置によせて」

＊大内氏の礼物進上の史料に、「下国の時宜」等の項目があることから、応仁・文明の乱終結のため積極的に動いたのは富子であることを論証。関所設置・撤廃にも背景に富子の執政があったことを述べた論考。山科七郷郷中関との関連についても論じた。

所収論文「室町幕府の女房」

＊室町幕府に仕える女房について、その役割や給与からみて、幕臣の一種であったことを論じた。

所収論文「中世の家と教育――伊勢氏、蜷川氏の家、家職と教育」

＊伊勢氏と蜷川氏はその家職を、家の男女によって果たしており、武士として弓馬の道を心掛けるなど、豊富な内容の家訓を子孫に残し、将軍家の教育者・故実家としての家職を代々継承していたことを論証。

『幕府を背負った尼御台　北条政子』人文書院、二〇〇三年。
『乳母の力』吉川弘文館、二〇〇五年。
『山内一豊と千代』岩波新書、二〇〇五年。
『日本中世の村落・女性・社会』吉川弘文館、二〇一一年。
『足利義政と日野富子』山川出版社、二〇一一年。
「将軍家と日野家・山科家」『女性歴史文化研究所紀要』二四、二〇一六年。
『室町将軍の御台所――日野康子・重子・富子』吉川弘文館、二〇一八年。

＊『足利義政と日野富子』と『室町将軍の御台所』は、それまでの日野富子に関する先行研究を基礎に、夫義政との権限分担、日野家の室町初期以来の家職や一族男女の公家としての天皇家や将軍家への奉公などから、室町期社会のなかで富子の姿を捉えようと努力した、筆者の先稿。

「『きもの』の原型小袖の普及とその背景」南直人ほか編『身体はだれのものか』所収、昭和堂、二〇一八年。

「中世の山科二（室町・戦国・織豊期）」『山科の歴史と現代』所収、山科経済同友会、二〇二〇年。

おわりに

足利義政の正室日野富子の生涯とその役割を考察するにあたり、心懸けようと考えた点は、富子が彼女以前の御台所から何を継承したのかという点と、富子が生きた室町戦国前期の社会は、どのような社会なのか、農民・武士・公家・寺社・天皇家は、富子という御台所と、どのような関係を取り結び、どのように御台所を見ていたのかを検討しながら考察しようと決心した点である。

富子自身に関する研究の進展に比べ、室町・戦国期の社会史や政治史研究は格段に多くなった。このような研究状況を承けて、史料を見直すことによって本書を書き終えることができた。

公家日野家は鎌倉末期以来、朝廷に仕えるかたわら、法曹官僚として鎌倉幕府の一員となった者や、南北朝内乱期に、後醍醐天皇の腹臣となった者を輩出している。実務官僚としての知識と経験に加え、実践を重視する宋学の思想が、公家日野家の家風に変化をもたらしたのだろう。朝廷の一員であった公家日野家が武家政権である将軍家の正室を出し続け、院執権をも務めて室町期に発展した原因は、右の点にあったと思う。

足利義満は大守護大名を倒すが、その一族は守護あるいは国人として残し、南北朝を合一させ、日明貿易に禅宗僧侶を動員して、政治的安定と巨利を得る方策を推進し、将軍—管領—守護体制を確立した。公家は天皇家の臣下であることに変わりはなかったが、日野家や山科家を介して、つまり実務官僚層を通じて、将軍家にも臣従し両属する事態が義満期以降進み始める。

また義満晩年から義持、義教時代には、将軍家に直属する奉行人と奉公衆（番衆）が設置・整備され、番衆には守護家の一族・国人領主・奉行人が編成された。これには守護—国人領主—土豪—百姓からなる守護領国体制を牽制する役割があったので、義教期は将軍家と守護家の対立が先鋭化したのである。

義教期に幕府財政の根幹を形作っていたのは酒屋・土倉役であった。そしてそれは将軍家内の御台所・姫君などに配分されるほか、幕府奉行人の内談費用や「炭」などの備品にも使用された。つまり将軍家と幕府の運営費用にひろく使用された。しかし酒屋・土倉役は、酒屋・土倉が「土民」と呼ばれた百姓、町人や、武士、公家、寺社から獲得した質物（土地を含む）から生み出された利潤であったから、土一揆、徳政一揆や国一揆の多発を招く原因ともなったのであった。義教将軍就任の年に「日本開闢以来土民一揆の始めなり」と言われた正長の土一揆が起こり、義教の横死の直後には、将軍のこのような「犬死」を代替わりと捉えて、嘉吉の大徳政一揆が起こったのである。

義勝の早世により第八代将軍となった義政は、正室富子から男子が生まれるのを待たず、弟義視を自身の後継者に決めた。この決定は義尚の死後、政治的混乱を引き起こす遠因となる。

義政青年期の政治は右の後継者問題にも表れているように、優柔不断であり、両畠山氏の争いを止めさせることができず、応仁・文明の大乱を引き起こす原因をつくってしまう。大乱中に富子は出産を抱えていたにもかかわらず、天皇家が室町第に避難してきて以来、その居所を提供する仕事に謀殺された。それとともに義尚が文明五年第九代将軍を拝命したので、その後見役を、日野勝光の死後は特に、務めねばならなくなった。文明六年閏五月に尋尊が「公方ハ御大酒、諸大名ハ犬笠懸」「天下公事修（おさむる）ハ女中御計（はからい）」と記したのは、政治に関心をなくした義政と、逆に義尚の後見のためにも政治に参画せざるをえなかった富子の状況を如実に表している。

富子の執政が最も実を上げるのは、文明九年七月から九月である。尋尊が「御台一天御計」と記したこの七月、西軍の畠山義統が富子から一〇〇〇貫文を借用したことを尋尊は日記に記していた。この大きな銭貨は、西軍諸将の撤収費用に使われた。

義尚将軍期の前半は、義政が貿易の利を手放さず寺社への命令系統も握ったままで、東山山荘の建設の資財や料足を守護大名たちにも負担させていたので、若年の義尚は見るべき施策は残せなかったが、富子の大乱終息策のおかげで、寺社本所領の元の持ち主への返付の方針が決まり、文明末年にはこの方針に沿った奉行人による裁判が力強く復活したことにより、義尚の元には奉行人と奉公衆が結集し、彼らは義尚から所領安堵を受けるようになっている。

長享元年ごろ二十三歳の義尚が病気に罹ると、京中の人々は地下人（じげにん・商工業者や農民など百姓・一般人）に至るまで皆平癒を祈願したという。

このころ義尚は公武から「大樹」と呼ばれている。大樹とは、後漢の馮異（ふうい）が、諸将が功を誇るなかで、大樹の下に退いて誇らなかった故事に基づく、慎み深い将軍に対する尊称である。
病の癒えた義尚は、母富子と共に葛川明王院に参籠したあと、長享元年九月、諸本所の荘園を押領したとして六角高頼を討つため近江坂本に出陣する。この出陣には多くの公家や二十一家もの大名家が参陣したのであった。

しかしその二年後に義尚は亡くなり、続いて義政も亡き人となったので、涙の乾く間もなく、富子は義尚の次の将軍の決定に参画せざるをえなくなった。将軍家の次世代を決める役割は前将軍家の御台所の最後の役割であったからである。

富子は御台所として、夫生存中も時には執政し、嫡子で次期将軍となった義尚の後見役を務め、義尚と義政が相次いで死去した後も次期将軍家の選定に努力したのであった。御台所として、十分にその役割を果たした人であったと言える。しかし室町戦国期の社会通念は儒教思想そのものであり、「腹は借り物」という男性優位、女性蔑視の考えが一般的であったことも分かった。そうした社会通念の世にありながら、鎌倉時代の御台所北条政子と同じく、将軍家の中の一つの家として、政治上の欠け落ちた点を補い、側面から将軍家を支える役割を見事に果たした御台所であったと考える。

最後になったが、今回の出版にあたっても、ミネルヴァ書房の田引勝二さんには、さまざまな助言をいただき、図版や写真について手配したり、両膝人工関節置換術を受けたため、坂道・山道を歩けない筆者に代って撮影に行っていただき、御苦労をおかけしたことに対し、感謝の意を表したいと思う。

昨年以来日本ではコロナウィルスが猛威をふるい、大学の授業もさまざまな制約を受けるという、厳しい状況になっている。状況は異なるが、応仁の乱の時代も、十一年に及ぶ戦乱のなかで、京中の町人や京都村落の住民たちは、どのように感じつつ生きる努力をしていたのかを思い浮かべながら、日野富子を室町時代の諸相の中で論じることができ、このような機会を与えてくださったミネルヴァ書房と編集委員の方々、また担当の田引さんや編集・製作スタッフの皆さんに深く感謝したい。

令和三年五月二十五日

田端泰子

日野富子年譜

和暦	西暦	齢	関係事項	一般事項
建武三／延元元	一三三六			11・7『建武式目』成る。
延文 三	一三五八			8・22足利義満生まれる。
応安 元	一三六八			12・30足利義満（一一歳）、将軍就任。
永和 四	一三七八			3・10足利義満、室町新邸（花の御所）へ移居。
康暦 元	一三七九			1・6足利義満、後円融天皇より先に御酌を取る。
明徳 三	一三九二			閏10・5南北朝合一。
応永 元	一三九四			11・10「御台御料所山城国久多庄」が三宝院に安堵される。 12・17足利義満、義持に将軍職を譲り、太政大臣となる。

六	一三九九	12・21大内義弘、堺で敗死（応永の乱）。
八	一四〇一	5月義満時代最初の遣明船出航（9月に帰国）。10・16義満、内裏を造営。
一一	一四〇四	5・16明使、「日本国王之印」と勘合符を持ち来航。
一二	一四〇五	7・11義満正室業子、薨じる。康子、正室となる。
一三	一四〇六	5・29義満、康子・崇堅門院仲子・聖久と共に兵庫へ遊覧。
一四	一四〇七	3・5康子、「北山女院」となる。
一五	一四〇八	5・6足利義満没。12・1堅中圭密、永楽帝皇后の著書などを持ち帰る。
一八	一四一一	9・9足利義持、明との通交を断絶。
二〇	一四一三	3・16日野重光、後小松天皇の院執権となり、次いで没。
二三	一四一六	10・2上杉禅宗の乱起こる。

三〇	一四二三		3・18義量、将軍就任（応永三二年まで）。
三一	一四二四		2・5義持、鎌倉府と和睦。
正長元	一四二八		1・18足利義持没。義教、後継者に決定。6・21日野重光の娘宗子（のちの観智院・文安四年没）、義教正室に決定。9・18正長の土一揆起こる。
永享元	一四二九		1〜2月播磨・大和・丹波などで土一揆蜂起。4・15足利義教、将軍就任。
三	一四三一		5・29京都洪水。6・1義教、三条尹子を正室とする。義教の恐怖政治始まる。7月京畿飢饉。
四	一四三二		8・17義教、明との勘合貿易復活。
六	一四三四		2・9足利義勝生まれる（母は日野重子）。
八	一四三六		1・2足利義政生まれる（母は日野重子）。義教の大弾圧。

一二	一四四〇	1	日野富子生まれる。	
嘉吉 元	一四四一	2		6・24義政、赤松氏に討たれる（嘉吉の変）。8～9月各地で大土一揆発生。9・閏9月幕府、徳政令を発布。
二	一四四二	3		11・7義勝、将軍就任。
宝徳 元	一四四九	10		4・29義政、将軍就任。
三	一四五一	12		10・10尾張国守護代問題で、義政生母重子は嵯峨へ出向。
康正 元	一四五五	16	8・27富子、義政に嫁す。	正月「三ま」の肖像画、京に張り出される。
寛正 元	一四六〇	21		寛正の大飢饉始まる。寛正二年の京都の死者は八万二〇〇〇人。
三	一四六二	23		5月畠山政長と義就、河内などで戦闘開始。
五	一四六四	25	4・5、7、10糺河原勧進猿楽催される。	11・13畠山政長、管領就任。11・25義視還俗。
六	一四六五	26	11・23富子、細川常有邸で嫡男義尚を産む。	
文正 元	一四六六	27	3・20義政・富子、伊勢参宮。	7・23義政、斯波義廉を廃し、義敏を家督とする。12・12延暦

応仁 元	一四六七	28	2・10富子、細川教春邸で長女を産む。	寺衆徒の失火により祇園社焼亡。1・18畠山義就、上御霊社で畠山政長を破る（応仁・文明の乱始まる）。8・27幕府、山城国寺社本所領に半済令を出し、細川勝元に西岡の半済分を給付する。
二	一四六八	29	3・21富子、次男（義覚）を産む。	2・21幕府、京都近郊郷村に令して東軍に郷民を動員。3・21骨皮道賢、稲荷山で敗死。3〜7月山科七郷、野寄合を開く。
文明 元	一四六九	30	6・18義覚、醍醐寺座主となる。	
二	一四七〇	31		6〜7月山科、醍醐、堂舎や村々が合戦のため罹災。
五	一四七三	34	12・19義尚、将軍就任。	1〜5月山名宗全・細川勝元・伊勢貞親没。
六	一四七四	35	義政は酒に浸り、公事（政治）は御台富子が執行（『大乗院寺社雑事記』）。	4・3山名政豊、細川政元と講和。10月加賀で一向一揆蜂起。
八	一四七六	37	3・8富子、一万疋（一〇〇貫文）を禁裏番衆に献金。	6・15日野勝光没。11・13室町第焼亡。

九	一四七七	38	7月富子の執政と料足集積が『大乗院寺社雑事記』に記される。	9～11月大内、斯波、畠山（義就・義統）など西軍諸将が帰国し、応仁・文明の乱終わる。
一〇	一四七八	39		7・10義政、義視と和解。12・7山城の国人、京の七口関撤廃を求めて通路を塞ぐ。12・12室町第造営段銭を諸国に賦課。
一一	一四七九	40	9・14富子、伊勢参宮。11・22義尚、判始・評定始を行い、義政・富子、これに臨む。	1・29蓮如、山科に本願寺を建立。3・11幕府、内裏修造棟別銭を洛中洛外に、段銭を越前に賦課。12・7後土御門天皇、土御門内裏に還幸。
一二	一四八〇	41	7・28一条兼良、『樵談治要』を富子・義尚のために著し進呈。12・13勝仁親王の親王宣下の儀行われる。費用二万疋は富子の立替。	4・14義尚、故日野勝光の娘を正室とする。9・11京都・奈良で大土一揆（徳政一揆）。
一三	一四八一	42	6・15富子・義尚、葛川無動寺明王院に参詣。8月富子、山科高水寺普請人夫を山科七郷に課して再建。七郷はこれに応じ、9月に一六〇人の人夫を出した。	4・2一条兼良没（八〇歳）。
一四	一四八二	43		1・14後土御門天皇、朝議復活に取り組む。2・4義政、東山

				山荘の造営を始める。7・13義尚、小河第に帰り、政務執行を始める。11・27足利成氏と義政が講和。
一五	一四八三	44	9・16義覚没。富子、吉田社に十万疋を寄進。これにより文明16年11月4日に吉田社は太元宮を再興。	6・27義政、東山山荘に移居。8・13河内で畠山義就と政長の戦い続く。
一六	一四八四	45	4・8富子、伊勢参宮。9・14富子、長谷観音に詣でる。	6・26両畠山軍、宇治で合戦。11・3京都で土一揆蜂起。
一七	一四八五	46		12・11山城の国人、集会して両畠山軍撤退を要求。12・12東求堂完成。
一八	一四八六	47		2・13山城の国人、「国中掟」を制定。
長享元	一四八七	48	6・1富子、義尚とともに葛川明王院に参籠。	9・12義尚、六角高頼討伐に出陣。
二	一四八八	49	12・13小河第に帰った富子、12月19日に近江鈎に義尚を訪問。	
延徳元	一四八九	50	3・26足利義尚、薨じる（二五歳）。富子、葬礼を執行。茶毘要脚を拠出。	

二	一四九〇	51	1・7足利義政、薨じる（五五歳）。富子は初七日に薙髪。	7・5足利義稙、将軍就任。
三	一四九一	52		1・7足利義視没（五三歳）。8・27義稙、六角氏を征討。
明応二	一四九三	54	閏4・22細川政元、故義政と富子の内意に応じて、足利義澄（義高）を擁立（義澄の正室は、富子の甥永繕の姉妹）。	
五	一四九六	57	閏2・24富子、勝仁親王主催の蹴鞠会に参内。5・20富子薨じる（五七歳）。	

南北朝・室町

後醍醐天皇　上横手雅敬
*護良親王　新井孝重
*懐良親王　森茂暁
*赤松氏五代　渡邊大門
*北畠親房　岡野友彦
楠正成　兵藤裕己
*楠木正行・正儀　生駒孝臣
*新田義貞　山本隆志
*光厳天皇　深津睦夫
足利尊氏　市沢哲
*足利直義　亀田俊和
佐々木道誉　下坂守
細川頼之　亀田俊和
円観・文観　田中貴子
足利義詮　早島大祐
*足利義持　吉田賢司
足利持氏　植田真平
足利義政　木下昌規
*日野富子　田端泰子
*大内義弘　平瀬直樹
伏見宮貞成親王　松薗斉
*山名宗全　山本隆志
細川勝元・政元　古野貢
畠山義就　呉座勇一
足利成氏　阿部能久
世阿弥　西野春雄
雪舟等楊　河合正朝
宗祇　鶴崎裕雄
*満済　森茂暁
一休宗純　原田正俊
蓮如　岡村喜史

戦国・織豊

北条早雲　家永遵嗣
*北条氏綱　黒田基樹
*北条氏政　黒田基樹
*大内義隆　藤井崇
*斎藤氏四代　木下聡
*毛利元就　岸田裕之
*毛利輝元　光成準治
*小早川隆景・秀秋　光成準治
*六角定頼　村井祐樹
*今川義元　小和田哲男
*武田信玄　笹本正治
*武田勝頼　笹本正治
*真田氏三代　笹本正治
*三好長慶　天野忠幸
松永久秀　天野忠幸
*宇喜多直家・秀家　渡邊大門
*上杉謙信　矢田俊文
*大友義鎮　鹿毛敏夫
島津義久・義弘　福島金治
細川幽斎　鈴木元
*長宗我部元親・盛親　平井上総
最上氏三代　松尾剛次
浅井長政　長谷川裕子
蠣崎・松前氏五代　新藤透
吉田兼倶　西山克
山科言継　松薗斉
*雪村周継　赤澤英二
正親町天皇・後陽成天皇　神田裕理
*足利義輝・義昭　山田康弘
織田信長　三鬼清一郎
織田長益　八尾嘉男
*明智光秀・秀満　小和田哲男
豊臣秀吉　藤井讓治
豊臣秀次　矢部健太郎
*北政所おね　田端泰子
*淀殿　福田千鶴
蜂須賀正勝・家政　三宅正浩
前田利家　東四柳史明
山内一豊・忠義　長屋隆幸
*黒田如水　小和田哲男
*蒲生氏郷　藤田達生
石田三成　堀越祐一
*細川ガラシャ　田端泰子
*支倉常長　田中英道
千利休　熊倉功夫
*長谷川等伯　宮島新一
*顕如　神田千里
教如　安藤弥

江戸

*徳川家康　笠谷和比古
板倉勝重　谷徹也
本多忠勝　柴裕之
本多正純　小川雄
柳生宗矩　福田千鶴
*徳川家光　野村玄
徳川吉宗　横田冬彦
*後水尾天皇　久保貴子
後桜町天皇　所京子
*光格天皇　藤田覚
*春日局　福田千鶴
宮本武蔵　渡邊大門
*池田光政　倉地克直
保科正之　八木清治
シャクシャイン　岩崎奈緒子
*田沼意次　藤田覚
細川重賢　安高啓明
松平治郷　小林准士
*二宮尊徳　小林惟司
末次平蔵　岡美穂子
*高田屋嘉兵衛　生田美智子
沢庵宗彭　芳澤元
*林羅山　鈴木健一
吉野太夫　渡辺憲司
熊沢蕃山　川口浩
*山崎闇斎　澤井啓一
山鹿素行　前田勉
*北村季吟　島内景二
伊藤仁斎　澤井啓一
貝原益軒　辻本雅史
*ケンペル　B・M・ボダルト＝ベイリー
新井白石　大川真
荻生徂徠　柴田純
*雨森芳洲　上田正昭
石田梅岩　高野秀晴
白隠慧鶴　芳澤勝弘
前野良沢　松田清
平賀源内　石上敏
本居宣長　田尻祐一郎
杉田玄白　吉田忠
木村蒹葭堂　有坂道子
*大田南畝　沓掛良彦
菅江真澄　赤坂憲雄
*鶴屋南北　諏訪春雄
良寛　阿部龍一
*山東京伝　佐藤至子
*滝沢馬琴　高田衛
平田篤胤　山下久夫
国友一貫斎　太田浩司
シーボルト　宮坂正英
本阿弥光悦　岡佳子
小堀遠州　中村利則
狩野探幽・山雪　山下善也
尾形光琳・乾山　河野元昭
*二代目市川團十郎　田口章子
伊藤若冲　狩野博幸
*浦上玉堂　高橋博巳
*佐竹曙山　成瀬不二雄
葛飾北斎　岸文和
酒井抱一　玉蟲敏子
孝明天皇　青山忠正
*和宮　辻ミチ子
徳川慶喜　大庭邦彦
島津斉彬　原口泉

上代

＊俾弥呼　古田武彦
日本武尊　西宮秀紀
＊仁徳天皇　若井敏明
雄略天皇　吉村武彦
継体天皇　若井敏明
＊蘇我氏四代　遠山美都男
＊推古天皇　義江明子
聖徳太子　仁藤敦史
斉明天皇　武田佐知子
＊小野妹子・毛人・毛野　大橋信弥
＊額田王　梶川信行
弘文天皇　遠山美都男
天武天皇　新川登亀男
持統天皇　丸山裕美子
阿倍比羅夫　熊田亮介
＊藤原四子　木本好信
役小角　脊古真哉
＊柿本人麿　古橋信孝
＊元明天皇・元正天皇　渡部育子
聖武天皇　本郷真紹
光明皇后　寺崎保広
＊孝謙・称徳天皇　勝浦令子
藤原不比等　荒木敏夫
橘諸兄・奈良麻呂　遠山美都男
吉備真備　今津勝紀
＊藤原仲麻呂　木本好信
道鏡　吉川真司
＊藤原種継　木本好信
＊行基　吉田靖雄

平安

＊桓武天皇　井上満郎
嵯峨天皇　西別府元日
宇多天皇　古藤真平
醍醐天皇　石上英一
村上天皇　京樂真帆子
花山天皇　上島享
＊三条天皇　倉本一宏
藤原薬子　中野渡俊治
＊藤原良房・基経　瀧浪貞子
＊紀貫之　神田龍身
源高明　所功
＊安倍晴明　斎藤英喜
＊藤原道長　朧谷寿
＊藤原伊周・隆家　倉本一宏
藤原定子　山本淳子
＊藤原彰子　朧谷寿
清少納言　三田村雅子
和泉式部　ツベタナ・クリステワ
大江匡房　小峯和明
＊阿弖流為　樋口知志
坂上田村麻呂　熊谷公男
＊源満仲・頼光　元木泰雄
平将門　西山良平
藤原純友　寺内浩
源義家　大津雄一
最澄　吉田一彦
円珍　岡野浩二
＊空也　石井義長
奝然　上川通夫
＊源信　小原仁
慶滋保胤　吉原浩人
＊後白河天皇　美川圭
＊式子内親王　奥野陽子
建礼門院　生形貴重
藤原頼長・師長　樋口健太郎
＊藤原秀衡　入間田宣夫
平時子・時忠　元木泰雄
平維盛　根井浄
木曾義仲　樋口州男
守覚法親王　阿部泰郎
藤原隆信・信実　山本陽子

鎌倉

＊源頼朝　川合康
＊源義経　近藤好和
源実朝　神田龍身
＊九条兼実　加納重文
九条道家　上横手雅敬
北条時政　野口実
熊谷直実　佐伯真一
＊北条政子　関幸彦
＊北条義時　岡田清一
曾我十郎・五郎　杉橋隆夫
後鳥羽天皇　兵藤裕己
北条時頼　山本隆志
北条時宗　近藤成一
平頼綱　細川重男
竹崎季長　堀本一繁
西行　光田和伸
鴨長明　浅見和彦
藤原定家　赤瀬信吾
＊京極為兼　今谷明
＊兼好　島内裕子
重源　横内裕人
＊運慶　根立研介
快慶　井上一稔
法然　今堀太逸
＊栄西　中尾良信
明恵　西山厚
＊親鸞　末木文美士
恵信尼・覚信尼　西口順子
覚如　今井雅晴
＊道元　船岡誠
叡尊　細川涼一
＊忍性　松尾剛次
＊日蓮　佐藤弘夫
一遍　蒲池勢至
夢窓疎石　原田正俊
＊宗峰妙超　竹貫元勝

刊行のことば

歴史を動かすものは人間であり、興趣に富んだ人間の動きを通じて、世の移り変わりを考えるのは、歴史に接する醍醐味である。

しかし過去の歴史学を顧みるとき、人間不在という批判さえ見られたように、歴史における人間のすがたが、必ずしも十分に描かれてきたとはいえない。二十一世紀を迎えた今、歴史の中の人物像を蘇生させようとの要請はいよいよ強く、またそのための条件もしだいに熟してきている。

この「ミネルヴァ日本評伝選」は、正確な史実に基づいて書かれるのはいうまでもないが、単に経歴の羅列にとどまらず、歴史を動かしてきたすぐれた個性をいきいきとよみがえらせたいと考える。そのためには、対象とした人物とじっくりと対話し、ときにはきびしく対決していくことも必要になるだろう。

今日の歴史学が直面している困難の一つに、研究の過度の細分化、瑣末化が挙げられる。それは緻密さを求めるが故に陥った弊害といえるが、その結果として、歴史の大きな見通しが失われ、歴史学を通しての社会への働きかけの途が閉ざされ、人々の歴史への関心を弱める危険性がある。今こそ歴史が何のためにあるのかという、基本的な課題に応える必要があろう。評伝という興味ある方法を通じて、解決の手がかりを見出せないだろうかというのも、この企画の一つのねらいである。

狭義の歴史学の研究者だけでなく、多くの分野ですぐれた業績をあげている著者たちを迎えて、従来見られなかった規模の大きな人物史の叢書として、「ミネルヴァ日本評伝選」の刊行を開始したい。

平成十五年（二〇〇三）九月

ミネルヴァ書房

《著者紹介》

田端泰子（たばた・やすこ）

1941年　神戸市生まれ。

京都大学大学院文学研究科修了。京都大学文学博士。

京都橘大学学長を経て，

現　在　京都橘大学名誉教授・客員教授。

著　書　『中世村落の構造と領主制』法政大学出版局，1986年。

『日本中世の女性』吉川弘文館，1987年。

『女人政治の中世――北条政子と日野富子』講談社現代新書，1996年。

『日本中世の社会と女性』吉川弘文館，1998年。

『幕府を背負った尼御台　北条政子』人文書院，2003年。

『乳母の力――歴史を支えた女たち』吉川弘文館，2005年。

『山内一豊と千代』岩波新書，2005年。

『北政所おね――大坂の事は，ことの葉もなし』ミネルヴァ書房，2007年。

『細川ガラシャ――散りぬべき時知りてこそ』ミネルヴァ書房，2010年。

『日本中世の村落・女性・社会』吉川弘文館，2011年。

『足利義政と日野富子――夫婦で担った室町将軍家』山川出版社，2011年，

ほか。

ミネルヴァ日本評伝選

日野富子（ひのとみこ）

――政道の事，輔佐の力を合をこなひ給はん事――

2021年7月10日　初版第1刷発行　〈検印省略〉

定価はカバーに
表示しています

著　者　田　端　泰　子

発行者　杉　田　啓　三

印刷者　江　戸　孝　典

発行所　株式会社　ミネルヴァ書房

607-8494　京都市山科区日ノ岡堤谷町1

電話代表（075）581-5191

振替口座　01020-0-8076

共同印刷工業・新生製本

ISBN978-4-623-09228-4

Printed in Japan

人名索引

あ 行

か　行

さ　行

た　行

な　行

は　行

ま　行

や　行

ら　行

事項索引

あ 行

か　行

さ　行

た　行

な　行

は　行

ま　行

や　行

ら　行

わ　行